with Study Mathilde

crée des fiches SIMPLES et colorées pour t'aider à réviser

Mathilde Fouqué

Study with Mathilde

crée des fiches SIMPLES et colorées pour t'aider à réviser

mercileslivres

À tous les étudiants
qui souhaitent réussir leurs examens
de manière fun et colorée.

Sommaire

Sommaire

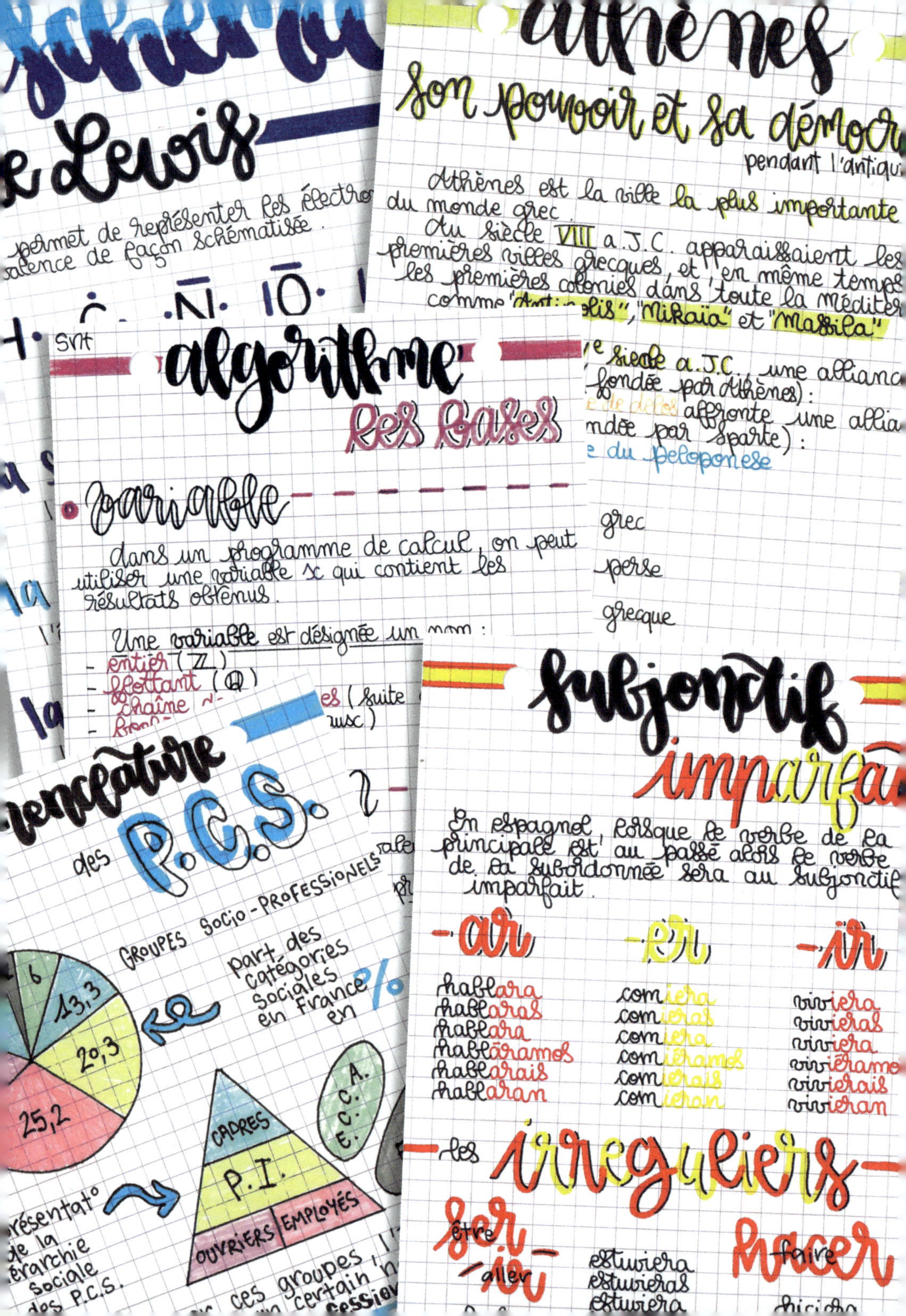
Lewis
permet de représenter les électro
valence de façon schématisée.
Athènes
son pouvoir et sa démocr
pendant l'antiqu
Athènes est la ville la plus importante du monde grec.
Au siècle VIII a.J.C. apparaissaient les premières villes grecques, et en même temps les premières colonies dans toute la Méditer
comme "Antipolis", "Nikaïa" et "Massila"
siècle a.J.C. une allianc
fondée par Athènes) :
affronte une allia
ndée par Sparte) :
du Péloponèse
grec
perse
grecque
SNT
algorithme
les bases
variable
dans un programme de calcul, on peut utiliser une variable x qui contient les résultats obtenus.
Une variable est désignée un nom :
- entier (ℤ)
- flottant (ℚ)
- chaîne
nomenclature
des P.C.S.
GROUPES SOCIO-PROFESSIONELS
part des catégories sociales en France en %
6
13,3
20,3
25,2
CADRES
P.I.
EMPLOYÉS
OUVRIERS
A.
C.
C.
E.
représentatº de la hiérarchie sociale des P.C.S.
ces groupes
certain
subjonctif
imparfait
En espagnol, lorsque le verbe de la principale est au passé alors le verbe de la subordonnée sera au subjonctif imparfait.
-ar
-er
-ir
hablara
hablaras
hablara
habláramos
hablarais
hablaran
comiera
comieras
comiera
comiéramos
comierais
comieran
viviera
vivieras
viviera
viviéramos
vivierais
vivieran
les irréguliers
ser être
ir aller
estuviera
estuvieras
estuviera
hacer faire

Intro

Salut !

Je m'appelle Mathilde Fouqué, j'ai 17 ans et, à l'heure où je t'écris, je suis en plein dans mon année de Terminale. Honnêtement, je pense que c'est ce qui va faire la force de ce livre !

Je vais te donner tous les tips que j'utilise et les observations que je peux me faire dans mon quotidien d'étudiante. Cela te permettra d'optimiser tes révisions et de réaliser des fiches dignes de l'univers du #studygram ! Bon, il y aura peut-être des imperfections, mais mes conseils sont vrais, car je me les applique (en bref, ce n'est pas quelqu'un de 54 ans qui va t'expliquer comment avoir ton bac).

Psst : #studygram,
c'est une sorte de tendance sur Instagram
qui consiste à partager ses astuces et ses fiches
de révision pour être au max
lors des examens !

agents économiques
les entreprises
les administrations publiques
panneaux obligat
synthèse additive
schéma de Lewis
para añadir
para la consec
para la causa
cercle trigono
LES RÈGLES D'ACCENTUATION
la simple
la double
groupes sanguins
A B AB
république
suites géométriques
@studygram_mthld
les invariables
les irregu
subjoncti
-er
-ar
-les-irre

Petite anecdote qui va plaire aux parents :

Si je me suis lancée dans le studygram et la confection de fiches, c'est grâce à ma mère ! (Promis je ne l'ai pas fait sous la contrainte.) Un matin, en me déposant au collège, ma mère me parle d'un concept qui mêle études et dessins qu'elle a vu passer sur Facebook. Elle me demande si je connais, et la réponse est non. Je n'avais jamais entendu parler de ça ! Autant vous dire qu'elle était très fière de m'apprendre quelque chose en lien avec les réseaux sociaux.

HA HA !

Le soir même, je me suis dit que j'allais essayer. Une fiche, un stylo 4 couleurs, et un contrôle de chimie le lendemain. Ça y est, j'avais tout pour commencer ! Bon, ce premier essai n'était pas une œuvre d'art, mais j'avais tout donné !

L'ŒUVRE D'ART EN QUESTION. MAGNIFIQUE, N'EST-CE PAS ?

molécules

2 atomes = 1 molécule

○	H	hydrogène	Z = 1	basiques
● (rouge)	O	oxygène	Z = 8	basiques
● (noir)	C	carbone	Z = 6	basiques
● (bleu)	N	azote	Z = 7	

Évolution du schéma de l'atome ...

Thomson
1902

Rutherford
1909

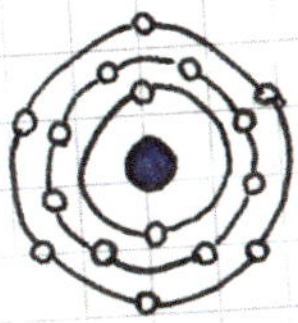

Bohr
1913

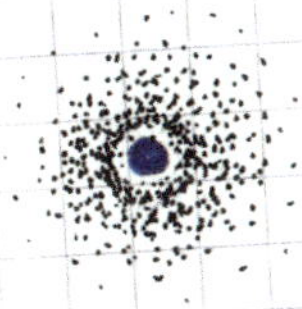

Schrödinger
1927

Si tu t'es procuré ce livre toi-même, tu dois probablement déjà faire des fiches, ou du moins, tu aimerais en faire et tu ne sais pas trop comment t'y prendre.

Jusqu'ici, pas de problème.

Si tu t'es fait offrir ce livre par un de tes proches par exemple, tu dois probablement te poser des questions !

À quoi ça sert ?

Dois-je être fort en dessin ?

Fiches

Faut-il beaucoup de matériel ?

Par où commencer ?

Est-ce que c'est long à faire ?

Pas de panique, je suis là justement pour t'expliquer tout ça et te montrer pas à pas comment réaliser ce type de fiches de révision, fun et colorées !

Élèves, parents, professeurs, je vous laisse donc découvrir ma méthode. Bonnes révisions à tous !

Bonne
Lecture

en
a dog → two dogs
Mais il y a des exceptions :
cercle
trigono
Dans un repère orthonormé, le cercle trigonométrique est le cercle de centre O et de rayon 1 orienté dans le sens trigonométrique
π/2
π/3
π/4
π/6
2π
0
30°
-π/6
-π/4
-π/3
-2π/3
-π/2
3π/2
atome
électrons Z
masse : mₑ = 9,31 x 10⁻³¹ kg
- qₑ = -e = -1,60 x 10⁻¹⁹ C
neutrons N
masse : mₙ = 1,67 x 10⁻²⁷ kg
q = 0
protons Z
masse : mₚ = 1,67 x 10⁻²⁷ kg
noyau
marché
en
= concurence pure et parfaite
La représentation graphique du march
s'appuie sur une théorie économique.
Ce modèle repose sur 5 hypothèses.
parfaite
mobilité
des facteurs
libre
accès
panneaux
signali
signifie :
annoncé
DANGER
50 m en
150 m er
ORDRE
INTERDICTION
à l'en
OBLIGATION
à l'end
INDICATION
à l'endi
ou avar
LOCALISATION

chapitre

1

Avant de faire sa fiche

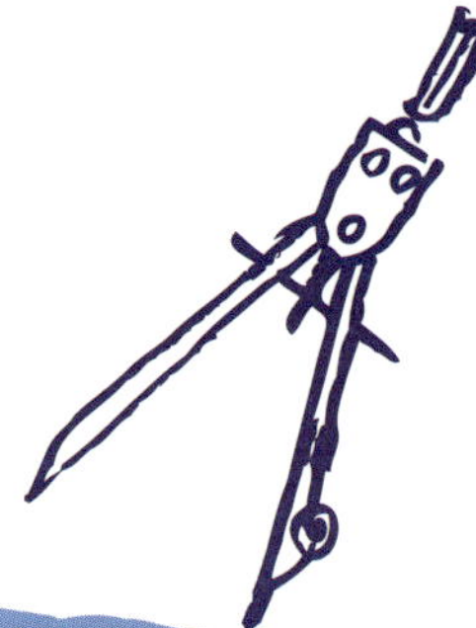

À quoi ça sert de faire des fiches de révision ?

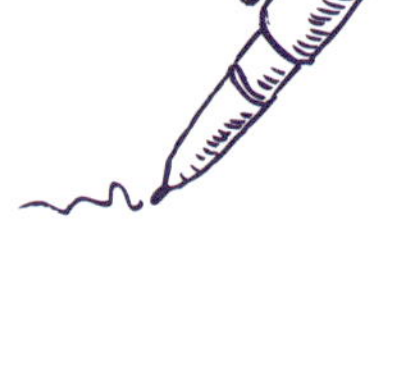

Synthèse

+

Compréhension

+

Écoute

=

Fiche

En fait, c'est un peu un **cercle vertueux**, car, si tu veux faire une fiche :

1. Tu dois synthétiser ton cours ;
2. pour le synthétiser, tu dois l'avoir compris ;
3. pour le comprendre, tu dois te forcer à l'écouter ;
4. puisque tu l'as écouté et compris, tu as envie d'en faire une fiche !

Ça a l'air bidon, mais je t'assure que c'est vrai.

Après avoir compris tout ça,
tu seras un peu accro aux fiches,
tu verras !

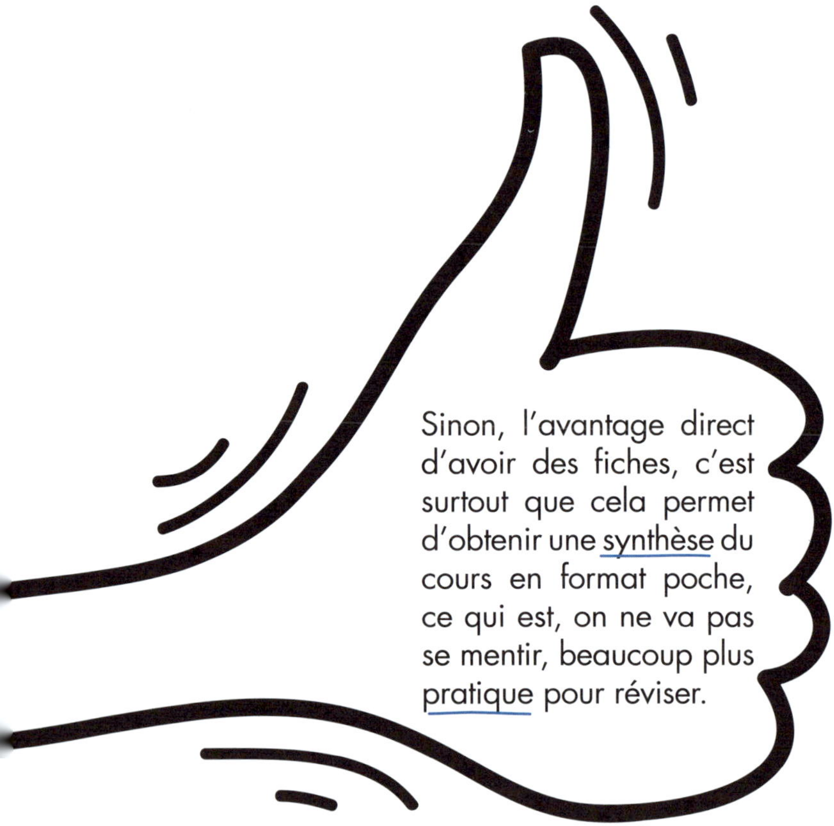

Sinon, l'avantage direct d'avoir des fiches, c'est surtout que cela permet d'obtenir une synthèse du cours en format poche, ce qui est, on ne va pas se mentir, beaucoup plus pratique pour réviser.

fiche méthode

Notation scientifique

La notation scientifique est une manière d'écrire les nombres en puissances de 10.

exemple : L = 8219,70 m

$$L = 8{,}21970 \times 10^3 \text{ m}$$

exposant

unité variant de 1 à 9

unité du système international

⚠ il doit y avoir le même nombre de chiffres significatifs

Le système international S.I.

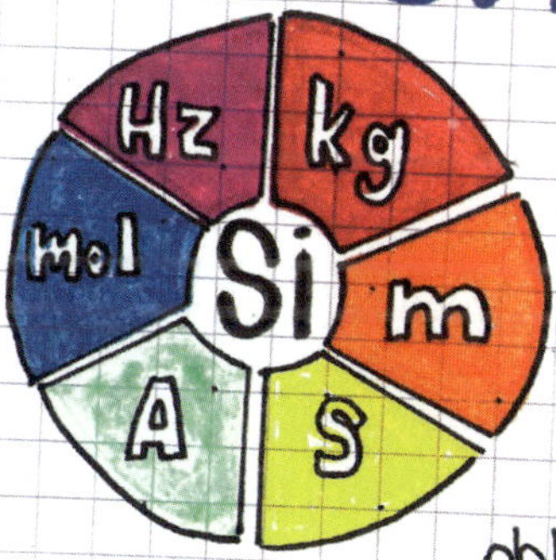

Le système d'unités international a été établi en 1960.

Quand on écrit une valeur avec la notation scientifique, on doit obligatoirement la mettre sous une unité "officielle".

En cours : le comportement à adopter pour faciliter les révisions

La chose qu'il faut comprendre : la fiche de révision, comme son nom l'indique, est faite pour réviser. Réviser quelque chose que l'on a vu, revu et qui est en cours d'acquisition.

Être présent

La première étape qui peut donc paraître bête, mais qui est essentielle, c'est d'être présent en cours ! Par présent, j'entends actif. Donc désormais, quand tu vas en cours, fini les petits dessins, fini les bavardages et fini de subir ! Il faut plutôt que tu participes !

Psst : en vrai je rigole, t'as toujours le droit de faire toutes ces choses que je viens de citer, mais essaye de les minimiser, ça t'aidera vraiment.

Ne pas avoir peur

Je sais que, souvent, ce qui bloque mes camarades, c'est l'erreur. L'un des conseils que je te donne, c'est de ne surtout pas avoir peur de te tromper lorsque tu lèves la main. Au contraire, c'est plutôt bénéfique ! Si tu te trompes en cours, le prof te corrigera et ainsi, lors de l'examen, tu te rappelleras ce qu'il t'a dit, et tu ne te tromperas pas !

OUPS...

Lever la main

En passant le cap de « lever la main », tu remarqueras que les cours passent plus vite, genre vraiment, beaucoup plus vite ! C'est toi qui gères en partie le tempo et en étant actif et intéressé (même si ça ne t'intéresse pas) le cours passera plus rapidement.

VOILÀ UN BON ÉLÈVE ! ENFIN, TU COMPRENDS CE QUE JE VEUX DIRE, HEIN...

ÊTRE ATTENTIF
ET NE PAS PAPILLONNER !

Être actif et attentif

Bon, la vision du temps et le fait que les cours passent plus vite c'est cool, mais là on va s'attaquer à l'avantage insoupçonné pour la majorité des élèves, qui est en grande partie la raison de ma réussite scolaire : être actif. Si tu es totalement actif en cours, les trois quarts du travail seront déjà faits. Et ça, c'est vérifié !

Écouter, participer, questionner et interagir avec le prof te permettra d'acquérir totalement la notion présentée. Pas besoin de repasser 1 h chez toi à tenter de décortiquer le charabia de tes cours. Quand tu es en classe, si tu as un problème, un doute ou une question tu peux la poser tout de suite ! Tu as la chance d'avoir un expert en la matière devant toi, qui est là pour toi. Tu l'as donc compris, il faut être attentif pendant le cours. Si tu fais ça, je t'assure que tes révisions seront déjà bien abouties, car on ne parle plus uniquement d'apprentissage par cœur, mais de mémoire par les émotions. Au même titre que tu te souviens de ce que te racontent tes amis lorsque vous discutez.

BLA BLA BLA...
ET TU SAIS CE QU'IL M'A DIT ?
BLA BLA BLA...

Probabilité d'un événement

Contraire $\bar{A}$

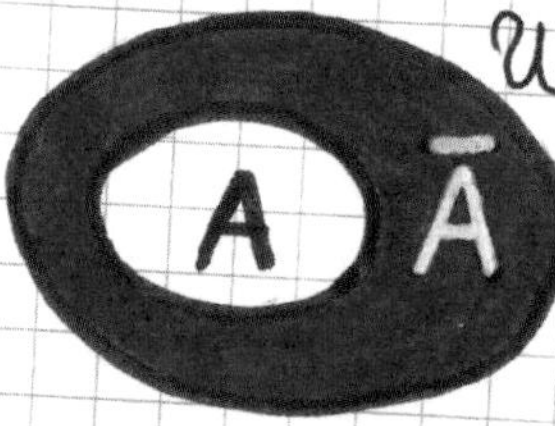

L'événement contraire de A, noté $\bar{A}$ est constitué de toutes les issues de U qui ne sont pas A.

$P(\bar{A}) = 1 - P(A)$

Intersection $\cap$

L'intersection des événements A et B notée $A \cap B$, est constituée de toutes les issues de U qui sont dans A **et** dans B.

Union $\cup$

L'union des événements A et B notée $A \cup B$ est constituée de toutes les issues qui sont dans A **ou** dans B.

$P(A \cup B) = P(A) + P(B) - P(A \cap B)$

Si tu commences à devenir un participant clé de la classe et que tu arrêtes d'avoir peur de l'erreur, tu verras les changements dès les premiers cours. En étant actif, tu n'es plus un simple spectateur, mais un réel acteur. Le cours passe plus vite et tes révisions sont plus efficaces.

Mémoriser plus facilement et plus rapidement : mes astuces

Ce qui est dommage sur les fiches que l'on a l'habitude de voir, c'est qu'elles sont souvent de simples résumés des manuels. Des fiches lambda, assez impersonnelles. Selon moi, ta fiche de révision doit absolument s'adapter à ta personnalité, et à ton « vécu ». Je m'explique.

Intervalles

Certaines parties de $\mathbb{R}$ sont appelées "intervalles", on les note entre crochets.

Voici les différentes intervalles qui existent et leurs représentations sur une droite :

$[a\,;b]$ $\quad a \leqslant x \leqslant b$

$]a\,;b[$ $\quad a < x < b$

$]a\,;b]$ $\quad a < x \leqslant b$

$[a\,;b[$ $\quad a \leqslant x < b$

$[a\,;+\infty[$ $\quad a \leqslant x$

$]a\,;+\infty[$ $\quad a < x$

$]-\infty\,;b]$ $\quad x \leqslant b$

$]-\infty\,;b[$ $\quad x < b$

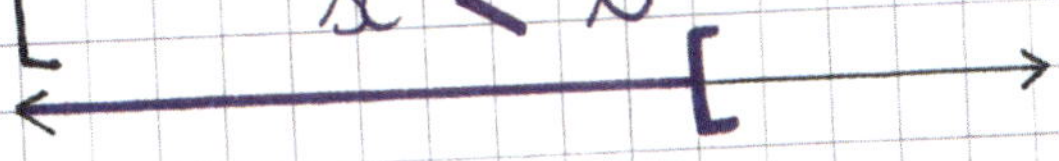

Le sens des crochets indique si x peut être égal à la valeur de la borne.

Noter des exemples

Lorsque l'on est en cours, les profs nous donnent souvent des exemples supplémentaires, qui ne sont pas dans le cours. Dans ce cas, essaye de noter toutes ces petites choses que les profs racontent.

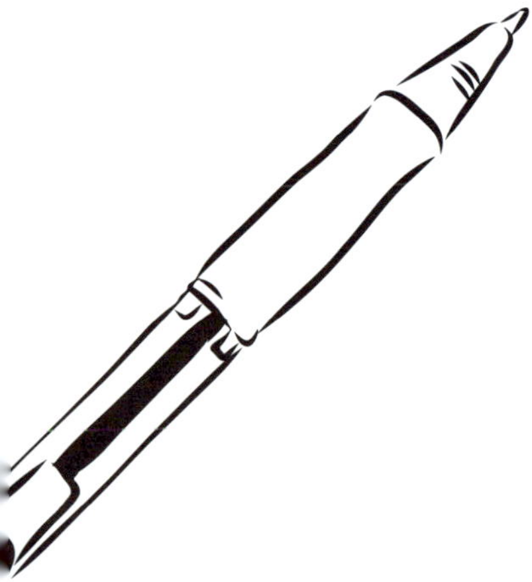

Les exemples concrets, c'est ce qui te permettra de retenir et de mieux comprendre les notions abstraites, surtout s'ils te rappellent des souvenirs ou des anecdotes. N'hésite alors vraiment pas à en noter le plus possible !

la construction des liens sociaux

Le lien social peut désigner à la fois
une relation directe "connue"
mais aussi
une affiliation entre individus "méconnue"

On distingue alors **2** types de sociabilité

lien faible

simples "connaissances" ou inconnu

lien fort

liens récurrents, électifs ou
qui mettent en jeu des sentiments.

→ @studuaram_mthld

Avoir des moyens mnémotechniques

Les moyens mnémotechniques que te donnent tes profs sont de précieux outils, qu'il faut absolument conserver et qui pourront être réemployés dans tes fiches !

Pour prendre un exemple personnel : je me rappelle, lorsqu'on a commencé à apprendre ce que signifiait « une mole » ? en cours de physique-chimie, que la prof l'a comparé avec des exemples du quotidien que l'on a l'habitude d'utiliser comme un pack, ou une paire. Elle nous a donc donné beaucoup d'exemples à l'oral que j'ai notés et réutilisés dans ma fiche pour illustrer le concept ! Cette notion, sur laquelle il est difficile de poser des mots, est alors plus facile à comprendre et à mémoriser grâce à ces **exemples concrets**.

Mole

unité de quantité de matière

Une mole est un ensemble d'entités chimique qui en contient toujours le même nombre noté Na appelé nombre d'AVOGADRO.

Pour comparaison :

un pack = 6

une paire = 2

Na

une mole = $6{,}02 \cdot 10^{23}$

Une quantité de matière se note n et s'exprime en "mol"

ainsi : (mol) → $n = \frac{N}{Na}$

masse molaire

La masse molaire notée M s'exprime en g/mol.

Pour la calculer, on multiplie la masse molaire de chaque atome par son coefficient stoechiométrique.

$M(H_2O) = 2 \times 1 + 1 \times 16 = 18$ g/mol

Exemples de moyens mnémotechniques

Les auteurs français du XVIIe siècle

« Sur une racine de la bruyère, une corneille boit l'eau de la fontaine Molière. »

Grâce à cette phrase, ils te reviendront facilement en tête. Racine, Jean de La Bruyère, Pierre Corneille, Nicolas Boileau, Jean de La Fontaine et Molière !

L'ordre des planètes

« Mélanie, vous tombez mal, je suis un navet pourri. »

Avec cette phrase, tu retiendras Mercure, Vénus, la Terre, Jupiter, Saturne, Uranus et Neptune !

L'orthographe du mot « mourir »

« Mourir ne prend qu'un seul r, car on ne meurt qu'une fois. »

L'orthographe du mot « jamais »

« Jamais s'écrit
toujours avec un s,
ne jamais l'oublier. »

Les sept merveilles du monde

« Mostapha, j'attends la copie ! »

Il suffit alors de prendre le début de chaque syllabe, tu retrouveras ainsi le Mausolée d'Halicarnasse, la statue de Zeus à Olympie, le phare d'Alexandrie, les jardins suspendus de Babylone, le temple d'Artémis à Éphèse, le colosse de Rhodes, les pyramides d'Égypte !

Les conjonctions de coordination

« Mais où est donc Ornicar ? »

Un classique, qui te permettra de connaître les conjonctions coordination mais, ou, et, donc, or, ni, car !

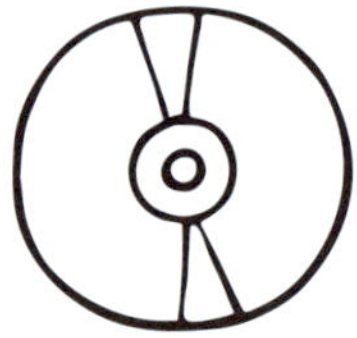

Diversifier ses sources (vidéos, articles, podcasts, etc.)

Les profs sont des humains, pas des machines. Ils ne nous disent donc pas tous les mêmes choses, et ne nous les expliquent pas tous de la même manière. Au même titre qu'il est intéressant de diversifier les médias d'informations pour se créer un avis le plus objectif possible, je te conseille de diversifier tes sources d'apprentissage !

- ✓ Regarde les cours des autres classes.
- ✓ Visionne des vidéos explicatives.
- ✓ Lis des articles.
- ✓ Feuillette ton manuel.
- ✓ Écoute des podcasts, etc.

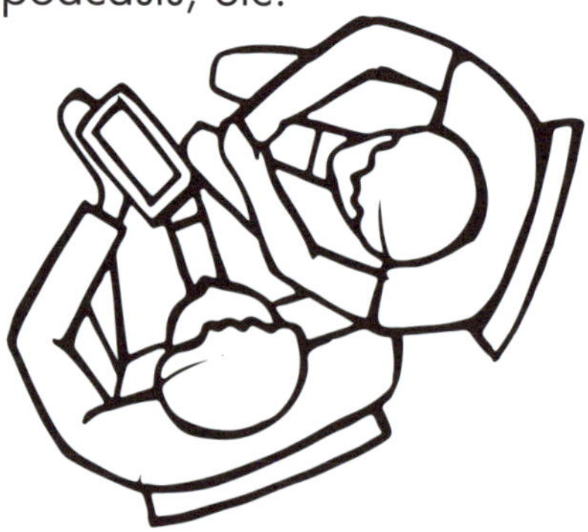

En bref, pioche des informations à droite et à gauche, tout en gardant en tête que ce que te dit ton prof est l'info la plus fiable.

En faisant cela, tu vas peut-être découvrir une méthode qui te conviendra mieux, un exemple qui te parlera plus, un schéma plus efficace, etc.

la socialisation

ensemble des processus par lesquels la société forme et transforme les façons de faire, d'être et de penser des individus.

Le processus de socialisation se déroule sur l'ensemble de la vie d'un individu.
Cette transmission peut se faire de 3 façons différentes : les modes de socialisation

↳ **par imitation**

↳ **par injonction**

↳ **par intéraction**

Il existe des groupes qui participent à la socialisation, on les appelle instances de socialisation.

les 4 principales :

la famille

l'école

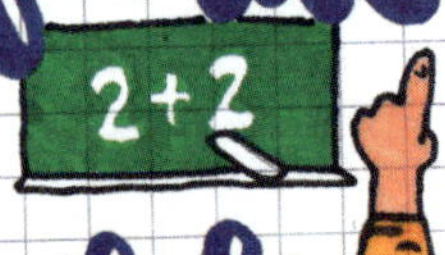

les pairs

les médias

Avoir fini et compris son chapitre

Pour finir, la règle d'or avant d'entamer ta fiche, celle que tu dois absolument respecter c'est : assure-toi d'avoir fini et compris le chapitre concerné.

Je sais que c'est tentant de faire une fiche le jour même, car on est souvent motivé et inspiré. Cependant, **ce n'est pas une bonne chose à faire !**

Si tu fais ta fiche alors que tu viens à peine de découvrir le cours, tu risques de ne pas mettre assez d'informations, ou au contraire de mettre des choses superflues.

Lorsque le prof introduit une notion, il la fait passer par une certaine technique, alors que le cours suivant il peut la présenter avec une technique plus simple. Tu ferais donc mieux d'attendre la fin des cours sur le sujet avant de le ficher. Assure-toi de l'avoir bien acquis et compris, car, comme je l'ai dit précédemment, c'est une fiche de révision et non d'apprentissage.

Psst : je te conseille de faire ta fiche
au moment où tu apprends la date du contrôle,
c'est souvent une bonne technique
pour se repérer !

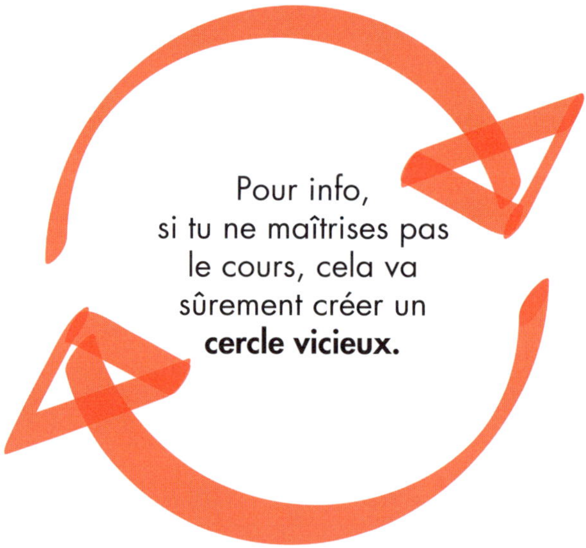

1. Si tu ne maîtrises pas ton cours, tu vas avoir tendance à en mettre trop ou pas assez ;
2. ceci va compliquer les révisions ;
3. si les révisions sont compliquées, tu ne maîtriseras pas le cours.

Ça y est, tu es maintenant fin prêt à commencer ta fiche !

Écouter

+

Noter

+

Rechercher

=

Fiche

✓ Tu as bien écouté en classe.
✓ Tu as pris des notes.
✓ Tu as approfondi tes recherches.

Tu as désormais fini ton chapitre ! Tu n'as plus qu'à mettre ta fiche en forme.

Allez, hop, choisis ton support et c'est parti !

Comment choisir son support ?

Évidemment, il faut bien faire sa fiche sur quelque chose, et donc choisir un support. Fiche numérique ou fiche manuscrite ? À toi de voir ce que tu préfères !

Psst : si tu as tendance
à faire beaucoup de ratures,
il vaut mieux opter pour un format numérique,
sur ordinateur ou sur tablette.

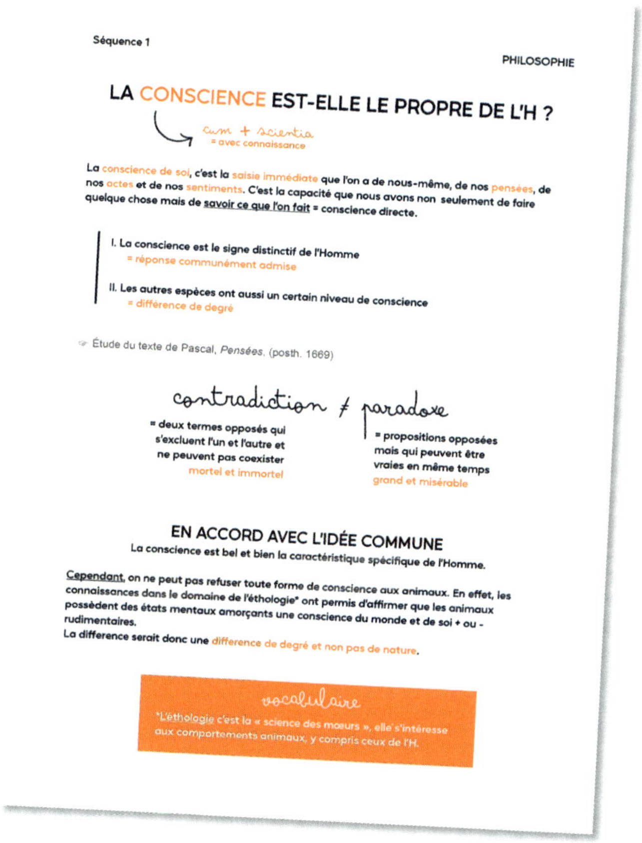

Séquence 1

PHILOSOPHIE

LA CONSCIENCE EST-ELLE LE PROPRE DE L'H ?

cum + scientia
= avec connaissance

La conscience de soi, c'est la saisie immédiate que l'on a de nous-même, de nos pensées, de nos actes et de nos sentiments. C'est la capacité que nous avons non seulement de faire quelque chose mais de savoir ce que l'on fait = conscience directe.

I. La conscience est le signe distinctif de l'Homme
= réponse communément admise

II. Les autres espèces ont aussi un certain niveau de conscience
= différence de degré

Étude du texte de Pascal, *Pensées*, (posth. 1669)

contradiction ≠ paradoxe

= deux termes opposés qui s'excluent l'un et l'autre et ne peuvent pas coexister
mortel et immortel

= propositions opposées mais qui peuvent être vraies en même temps
grand et misérable

EN ACCORD AVEC L'IDÉE COMMUNE
La conscience est bel et bien la caractéristique spécifique de l'Homme.

Cependant, on ne peut pas refuser toute forme de conscience aux animaux. En effet, les connaissances dans le domaine de l'éthologie* ont permis d'affirmer que les animaux possèdent des états mentaux amorçants une conscience du monde et de soi + ou - rudimentaires.
La difference serait donc une difference de degré et non pas de nature.

vocabulaire
*L'éthologie c'est la « science des mœurs », elle s'intéresse aux comportements animaux, y compris ceux de l'H.

Perso, je rédige presque toutes mes fiches à la main. Ici, on va donc s'intéresser aux différents choix de supports papier qui s'offrent à toi, car il y en a pas mal !

Quelques exemples :

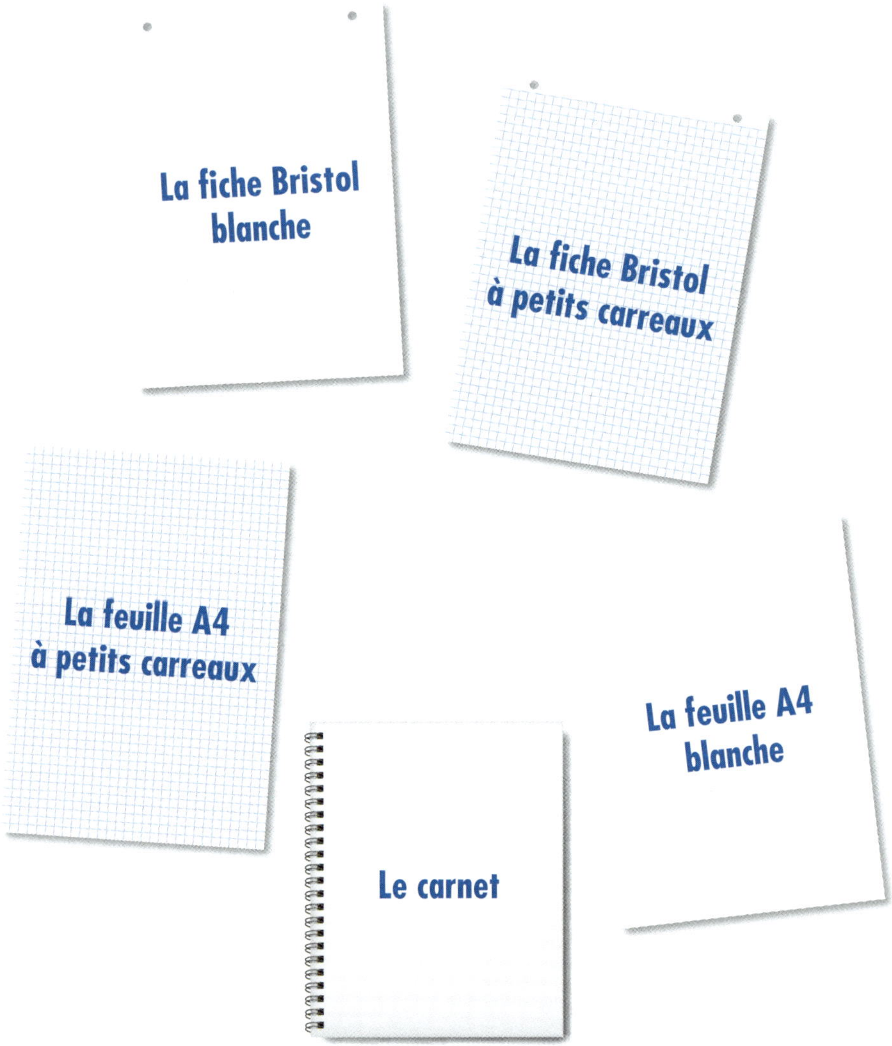

Certains choix de supports sont plutôt personnels et n'ont qu'un but esthétique, mais d'autres ont une réelle importance !

Psst : les carreaux sont très utiles si tu as des schémas à faire, les feuilles blanches sont parfaites pour avoir de la liberté sans être cloisonnées, et le carnet permet d'éviter les feuilles volantes !

Choisir son support en fonction du cours

Il faut adapter ton format au cours que tu veux ficher (et surtout pas l'inverse).

Par exemple, un cours d'histoire ou de philo, c'est souvent assez dense. Cela demande de retenir une grosse quantité d'informations avec des dates, des noms, des lieux, des visages, etc. Pour ce genre de cours, il vaut mieux choisir une feuille A4. En effet, la grande taille de cette feuille te permettra d'y inclure toutes les infos nécessaires ! En fonction du cours, choisis-la blanche ou à carreaux.

DOUTE

= état d'esprit qui est incertain et peut être le pressentiment d'une réalité diff de celle qui est communément admise

Sceptique

attribué à

PYRRHON

→ esquisses pyrrhoniennes

Le doute des sceptiques est

- **permanent** car il dure indéfiniment
- **systématique** car il remet tout en question

AUCUNE connaissance n'est possible = acatalepsie

LE **trilemme d'Agrippa**

⇨ LE **DOUTE** PERMET D'ATTEINDRE UNE TRANQUILLITÉ DE L'ÂME ≠ CONTRAINTES

Cartésien

attribué à

DESCARTES

→ discours de la méthode

Le doute cartésien est

- **méthodique** car il suit la méthode de Descartes
- **momentané** car il n'est pas perpétuel, il a un but défini

La SEULE certitude que nous avons c'est que nous pensons

« **Cogito, ergo sum** »

⇨ LE **DOUTE** EST UN CHEMIN VERS LA VÉRITÉ ≠ PRÉJUGÉS

Au contraire, pour une notion de géométrie qui est plus concise, qui demande souvent d'avoir des schémas, leurs formules et basta, il vaut mieux privilégier la fiche Bristol, qui conviendra plus au contenu. La petite taille de cette fiche t'obligera à ne garder que l'essentiel. De la même manière, choisis-la blanche ou à carreaux selon ce que tu préfères et selon ce que tu vas mettre dedans.

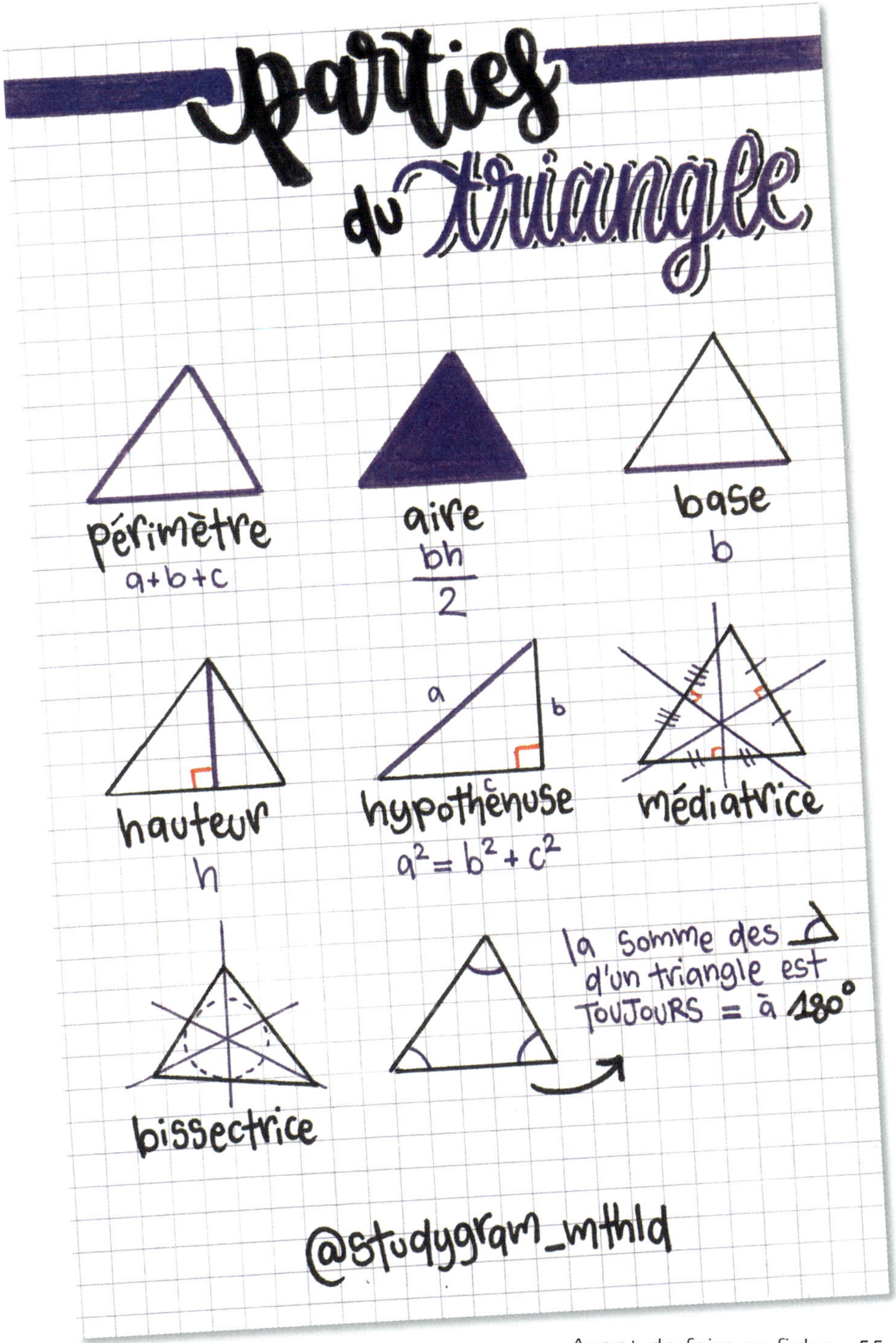
Parties du triangle
périmètre
a+b+c
aire
bh / 2
base
b
hauteur
h
a
b
c
hypothénuse
a² = b² + c²
médiatrice
bissectrice
la somme des ∠ d'un triangle est TOUJOURS = à 180°
@studygram_mthld

Le support doit être un choix réfléchi, car si tu décides un peu au hasard, tu prends le risque, par exemple, de te retrouver avec une petite fiche d'histoire trop compacte, dans laquelle il n'y a pas toutes les infos. Elle sera alors désagréable à lire et peu constructive pour tes révisions. Tu prends également le risque de te retrouver avec une grande feuille de maths, remplie de démonstrations et d'informations superflues pour occuper l'espace, ce qui va gêner l'apprentissage.

Je te laisse regarder ce tableau qui peut t'aider à décider quel format utiliser.

	Notion de cours	Chapitre	Thème
Maths	La fiche Bristol	La fiche Bristol	La feuille A4
Physique	La fiche Bristol	La fiche Bristol	La feuille A4
SVT	La fiche Bristol La feuille A4	La feuille A4	La feuille A4
Histoire	/	La feuille A4	La feuille A4
Français	La fiche Bristol	La fiche Bristol La feuille A4	La feuille A4
Philo	La feuille A4	La feuille A4	La feuille A4

ALORS,
TU AS FAIT TON CHOIX ?
C'EST PARTI POUR
L'ÉTAPE SUIVANTE !

La trousse idéale

Pour être sûr de mettre tous les moyens de ton côté afin de créer la plus belle des fiches de révision, je te conseille d'avoir une trousse dédiée à cela.

En effet, ta « trousse créative » ne sera pas forcément la même que ta « trousse quotidienne ».

Voici une petite liste, non exhaustive, des indispensables à avoir :

✓ 8 feutres de couleur à pointe moyenne 0,8 mm

✓ 1 stylo noir à pointe fine 0,4 mm

✓ 1 stylo noir à pointe moyenne 0,8 mm

✓ 8 stylos de couleur

✓ 1 crayon de papier

✓ 1 gomme

✓ 1 règle

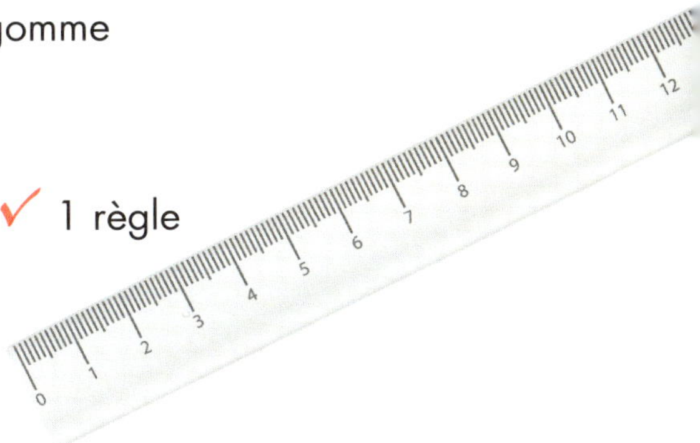

texte 9

chap X
196

↳ BELLE DU SEIGNEUR
Albert Cohen

Comment l'auteur confro-t-il l'imaginaire à la réalité ?

I. monologue sujet à l'infinitif ≃ recette, didascalies (l.2)
marques d'oralité "oui" (l.2-3-6) et "non" (l.1-8) → dialogue avec elle-m

les richesses d'une entreprise

Une entreprise produit des biens et des services marchands. Ces productions rapportent donc de l'argent, c'est le

chiffre d'affair

prix unitaire × quantités

chiffre d'affaire ne nous que cette production a comme valeur, on calcu

étape 2
mobiliser ses connaissances

→ j'établis un brouillon de mes connaissances.
→ j'organise mes idées en plan.

étape 3
rédiger

→ je rédige l'introduction
→ je rédige mon développement en m

Nombres réel

Les nombres sont classés dans d ensembles en fonction de leurs p

ℕ ensemble des entiers nat
($0 \in \mathbb{N}$; $17 \in \mathbb{N}$; $-3 \notin \mathbb{N}$

ℤ ensemble des entiers relatifs
($-6 \in \mathbb{Z}$; $5 \in \mathbb{Z}$; $\frac{3}{2} \notin \mathbb{Z}$)

𝔻 ensemble des nombres dé
($1{,}4 \in \mathbb{D}$; $\frac{5}{4} \in \mathbb{D}$; $\frac{1}{3} \notin$

ℚ ensemble des nombres rationnels
($\frac{1}{3} \in \mathbb{Q}$; $5 \in \mathbb{Q}$; $\sqrt{2} \notin \mathbb{Q}$)

ℝ ensemble des nombres
($\sqrt{2} \in \mathbb{R}$; tous les nom

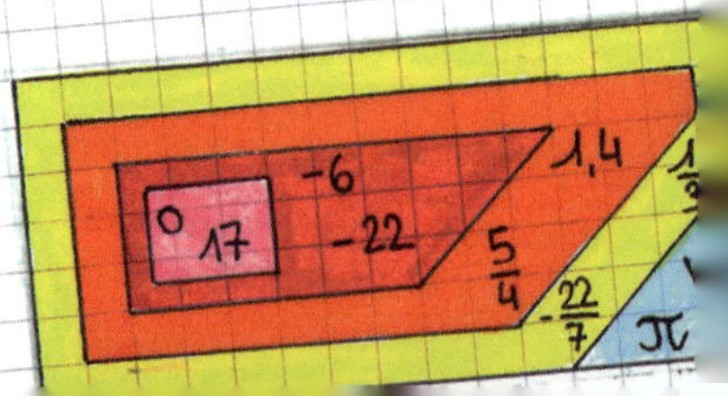

LES discours rapportés

iste 3 types de discours principaux

DISCOURS DIRECT
→ les paroles sont rapportées telles qu'elles ont été prononcées

DISCOURS INDIRECT
→ les paroles sont reformulées et integrées au récit dans une subordonnée

DISCOURS INDIRECT LIBRE
→ les paroles sont reformulées et integrées au récit sans subordonnée.

DD Di Dil

chapitre 2

La fiche

Par où commencer ?

Maintenant que tu as tout compris, il est temps de commencer ta fiche !

Le brouillon

Lorsque tu débutes dans la confection de fiches, je te conseille de réaliser un petit brouillon avant de commencer. Cela te permettra de savoir à peu près ce que tu vas mettre dedans, et où tu vas le mettre. Ça, c'est au début. Ensuite, avec l'habitude, tu feras juste une prévisualisation dans ta tête.

Psst : il n'y a rien de plus énervant
que d'arriver au bout de sa fiche,
et de se rendre compte qu'il n'y a plus de place
pour écrire un truc super important !

C'est parti ! Prends une feuille blanche, un crayon, et note les choses de ton cours que tu dois absolument savoir en haut de ce brouillon. Ensuite, dessine un rectangle (qui représente ta fiche) et essaye de voir à peu près la position des différents éléments. Pas besoin d'être super rigoureux, c'est surtout pour avoir une idée globale.

Regarde mon exemple en pages suivantes !

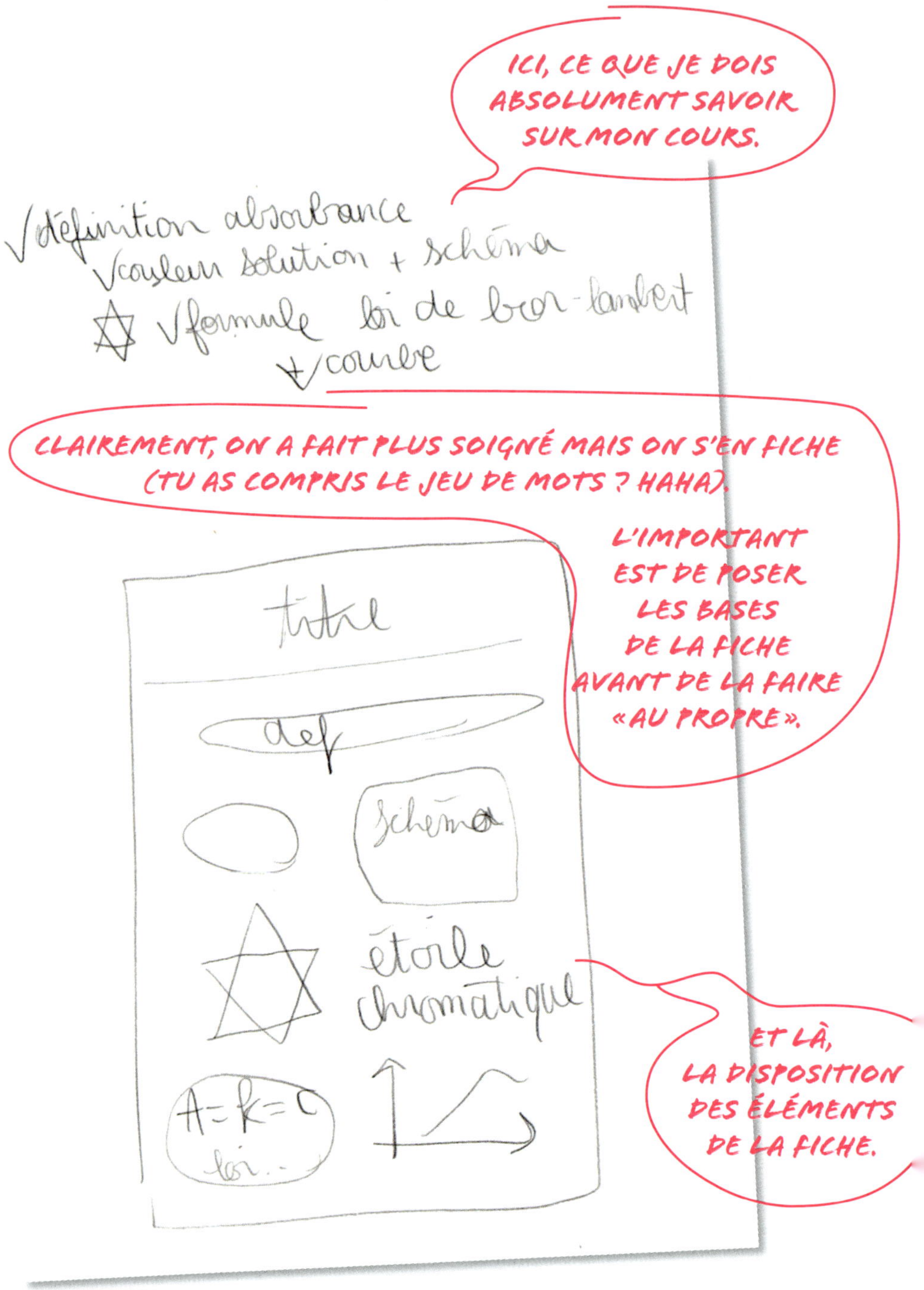
ICI, CE QUE JE DOIS ABSOLUMENT SAVOIR SUR MON COURS.
√définition absorbance
√couleur solution + schéma
√formule loi de beer-lambert
+√courbe
CLAIREMENT, ON A FAIT PLUS SOIGNÉ MAIS ON S'EN FICHE (TU AS COMPRIS LE JEU DE MOTS ? HAHA).
L'IMPORTANT EST DE POSER LES BASES DE LA FICHE AVANT DE LA FAIRE « AU PROPRE ».
titre
def
schéma
étoile chromatique
A = k = C
loi...
ET LÀ, LA DISPOSITION DES ÉLÉMENTS DE LA FICHE.

absorbance d'une Solution

L'absorbance A mesure la capacité d'une solution à absorber la lumière.

La couleur d'une solution est déterminée à partir de

son **Spectre d'absorption**

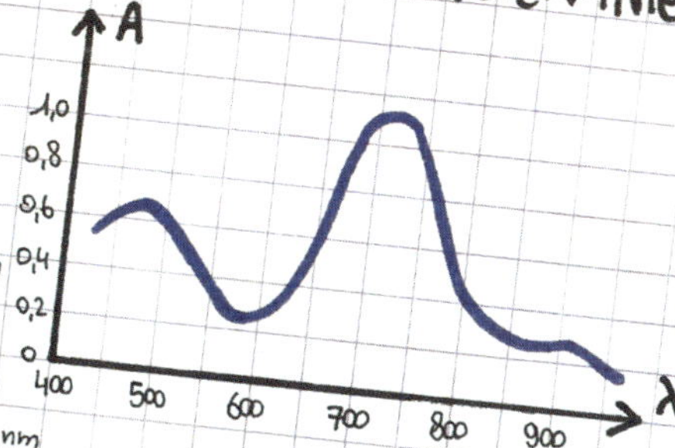

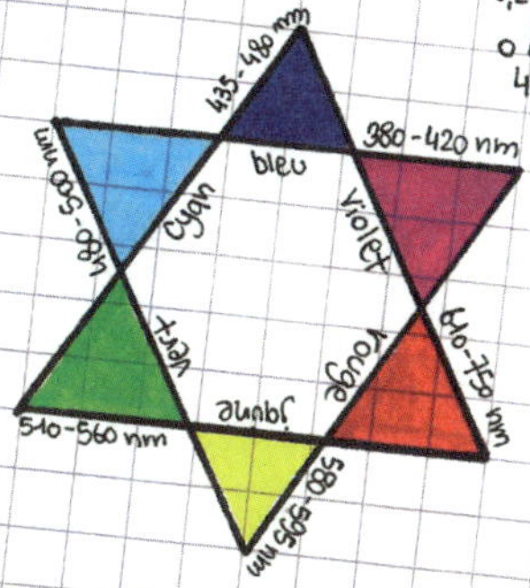

et de **l'étoile Chromatique**

Pour une solution diluée, l'absorbance et la concentration sont proportionnelles.

$$A = k \times C$$

Loi de Beer-Lambert

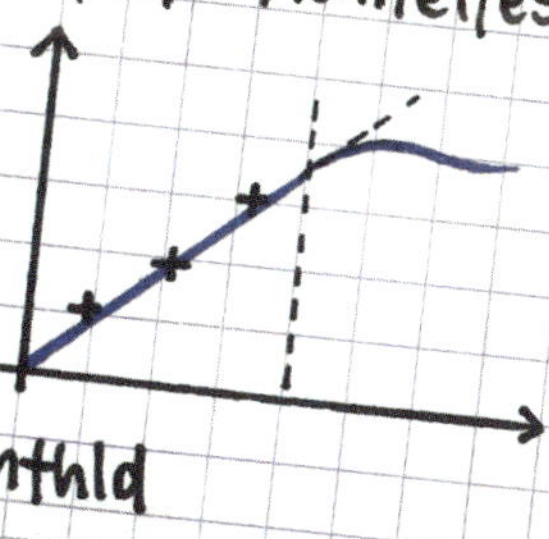

@studygram_mthld

Le titre en 3 étapes

Comme pour un film ou un livre, le titre est ce que tu verras en premier. C'est ce qui va (en partie) attirer et donner l'envie de s'intéresser au sujet. Pour ta fiche, c'est pareil ! S'il y a une faute dans ton titre, qu'il n'est pas attrayant ou qu'on ne le distingue pas assez, cela ne va pas du tout te donner envie de te lancer dans tes révisions. Au contraire, si ton titre est beau, grand et coloré, cela te motivera à lire ta fiche, crois-moi !

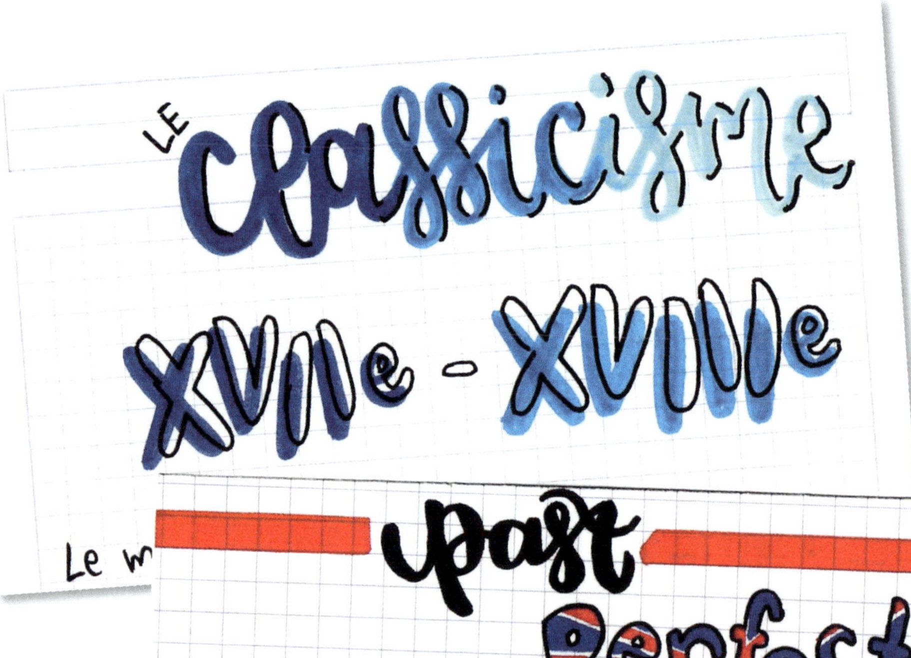

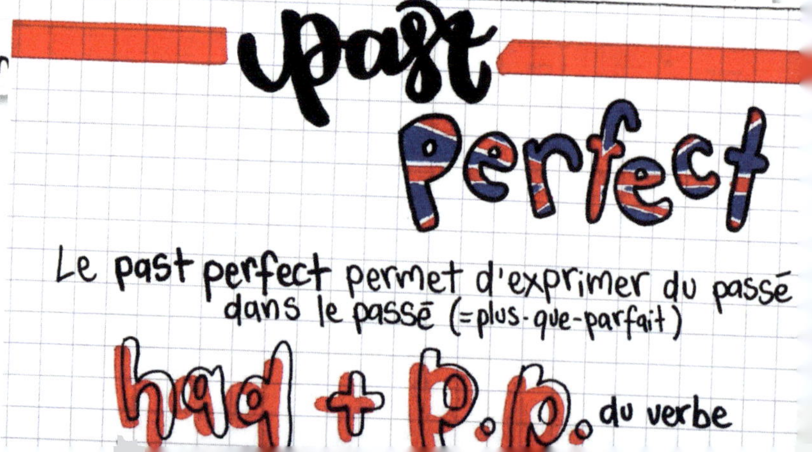

Quand je dis « beau », la plupart du temps les gens me répondent :

Oui, mais moi
je ne sais pas dessiner
et faire de beaux titres.

En réalité, tu n'as pas besoin de faire une œuvre d'art, il faut juste soigner un minimum ton écriture ! Pour faire des titres comme je le fais, ce n'est pas si compliqué.

Avec un peu d'entraînement et si tu suis les 3 étapes de la page suivante, tu devrais y arriver naturellement !

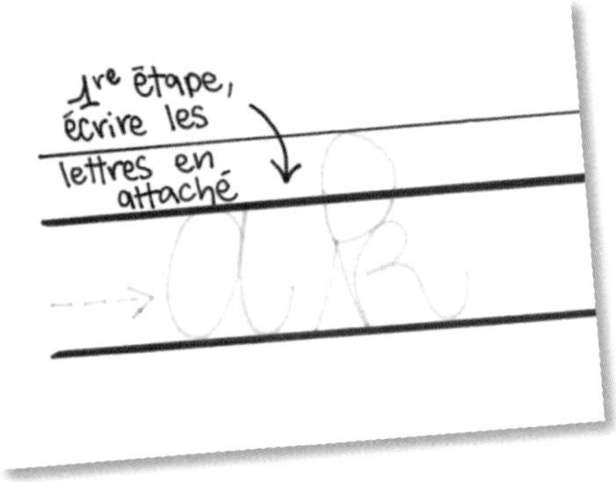
1re étape,
écrire les
lettres en
attaché

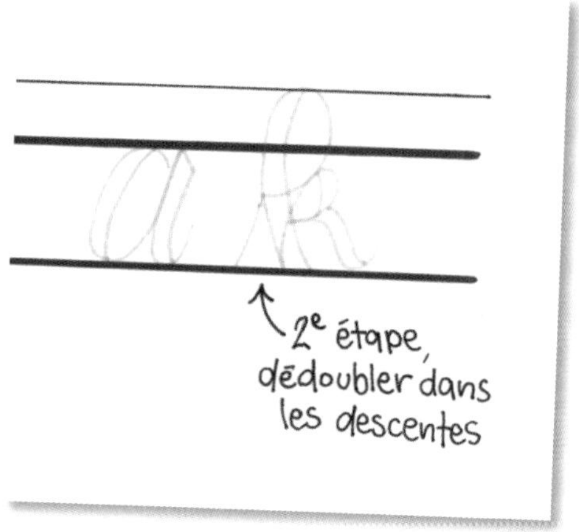
2e étape,
dédoubler dans
les descentes

3e étape, remplir la doublure

Si tu utilises un gros feutre, tu peux aussi exercer un peu de pression sur les traits descendants (et donc moins sur les traits ascendants), pour donner du relief à tes lettres.

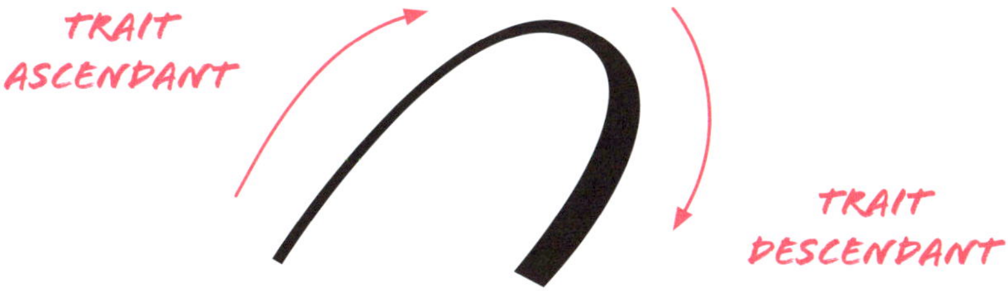

N'hésite pas, une fois le titre terminé, à revenir dessus pour fignoler les détails ! Prends un feutre plus fin et va retravailler certaines lettres pour leur donner un côté plus rond ou au contraire carré.

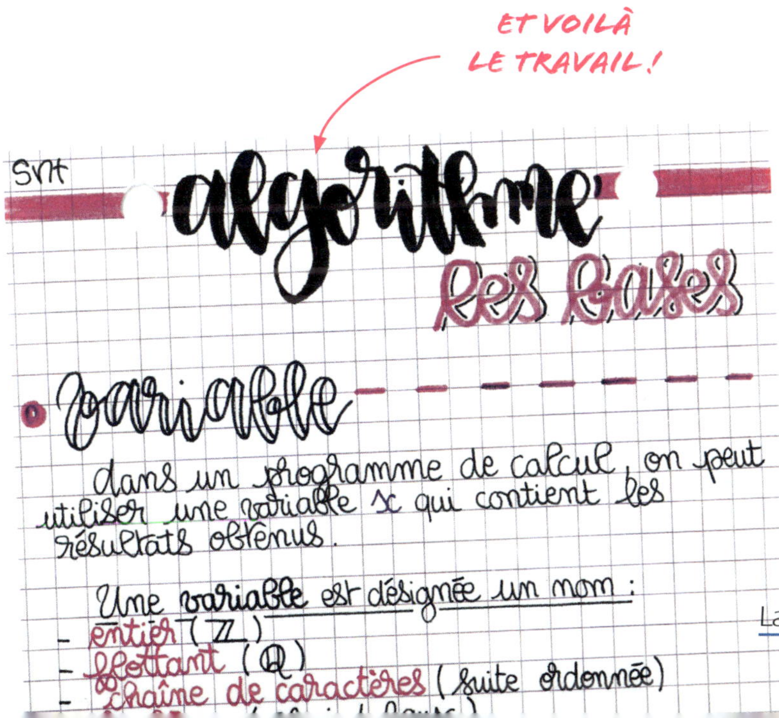

Et voilà, maintenant tu connais mon secret… toute la magie est partie ! Voici quelques inspirations de titres, mais il en existe plein d'autres qui sont très faciles à faire !

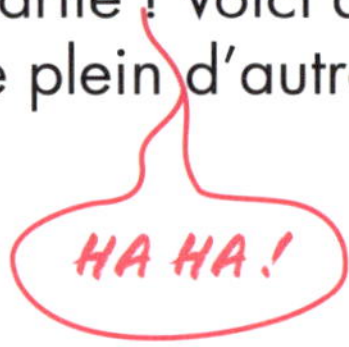

Une technique, plusieurs effets !

On s'entraîne ?

Encore un peu ?

Les couleurs

En fonction des matières

Le titre est fait, passons à ce qui ressort le plus dans la fiche : les couleurs.
Le choix des couleurs pour ta fiche ne doit pas être fait de manière aléatoire.
Perso, je te propose de fonctionner par matière.
Par exemple :

Les maths en violet.
Les SVT en vert.
La chimie en bleu, etc.

Psst : évidemment, tu peux choisir ton propre code couleur !

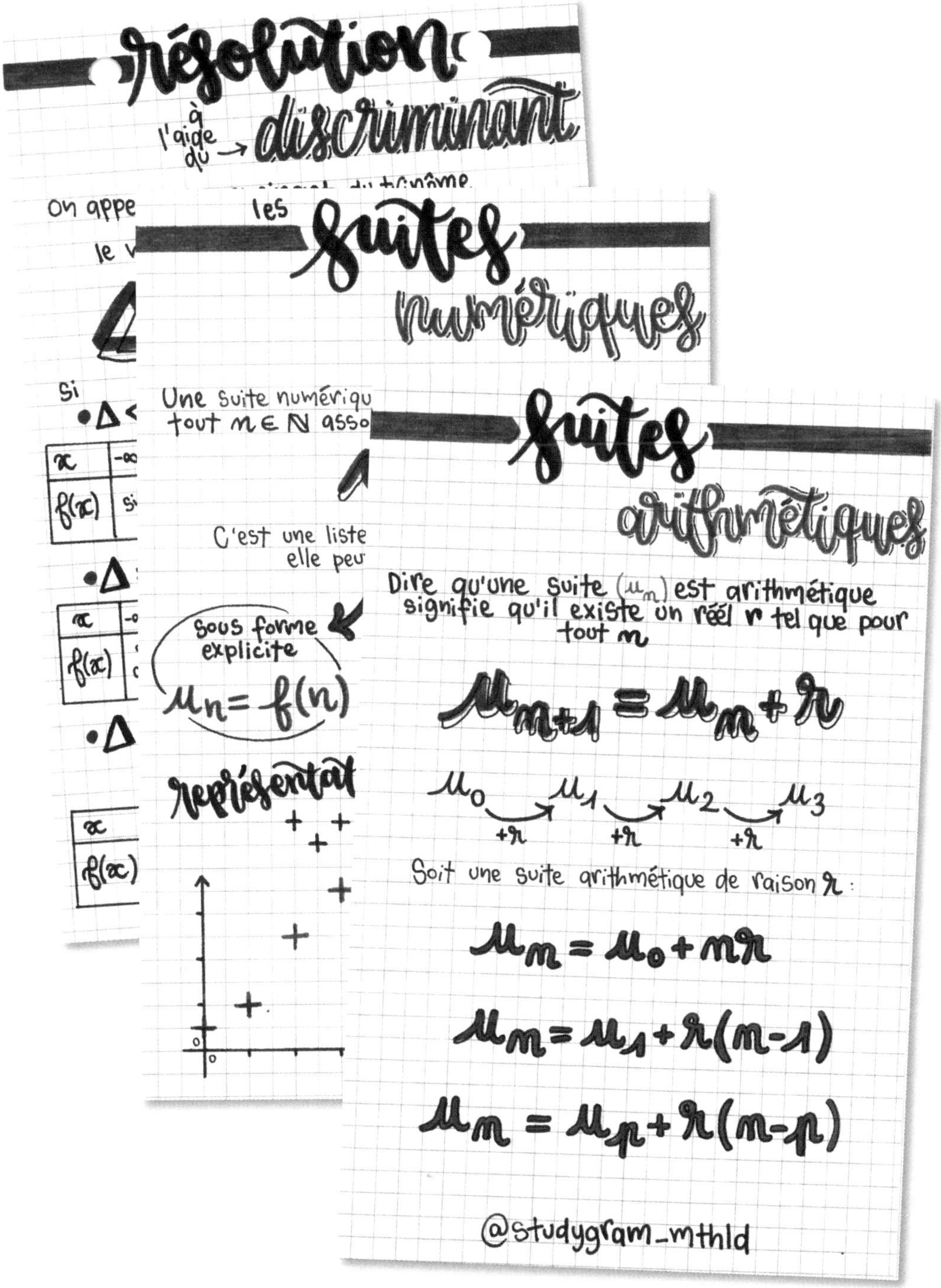

résolution à l'aide du → discriminant

les suites numériques

Une suite numériqu… tout $n \in \mathbb{N}$ asso…

C'est une liste… elle peu…

sous forme explicite $u_n = f(n)$

représentat…

suites arithmétiques

Dire qu'une suite (u_n) est arithmétique signifie qu'il existe un réel r tel que pour tout n

$$u_{n+1} = u_n + r$$

$$u_0 \xrightarrow{+r} u_1 \xrightarrow{+r} u_2 \xrightarrow{+r} u_3$$

Soit une suite arithmétique de raison r :

$$u_n = u_0 + nr$$

$$u_n = u_1 + r(n-1)$$

$$u_n = u_p + r(n-p)$$

@studygram_mthld

La règle de 3

Même si ce n'est pas le même code couleur que moi, tu associes probablement une couleur à chaque matière, non ? Par exemple chaque année, tu prends la même couleur de cahier pour telle matière ? Eh bien fais pareil pour tes fiches ! Fais un trait, un encadré ou directement un titre aux couleurs de la matière.

Lorsque tu ajoutes, des couleurs, des couleurs et encore des couleurs, cela peut vite ressembler à un défilé de carnaval et, au final, aucune couleur ne se démarque. Fixe-toi un maximum de 3 couleurs par fiche !

Une couleur vive pour un élément essentiel

Je te conseille néanmoins de garder les mêmes tons pour une fiche, et de prendre une couleur qui se démarque vraiment si tu veux faire ressortir quelque chose d'essentiel.

Pour prendre mon cas, lorsque je fais une fiche de maths, je prends tout ce que j'ai en violet : surligneurs, feutres, stylos… et c'est parti ! Je fais ma fiche uniquement avec du noir et du violet. Même de looooin, je vais donc voir que c'est une fiche de maths.

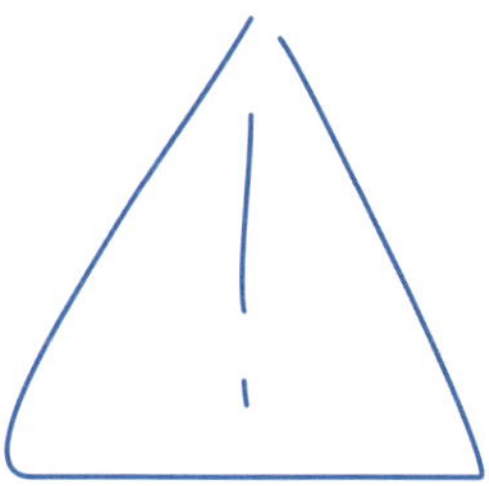

Essaye cette méthode, cela t'aidera à retrouver plus rapidement tes fiches et c'est bien mieux d'un point de vue mnémotechnique. En effet, lorsque tu devras te souvenir d'une de tes fiches, tu visualiseras la couleur et donc le contenu.

Synthèse additive

La trichromie est une technique qui permet d'obtenir n'importe quelle couleur à partir de trois couleurs primaires.

Pour la synthèse additive, les 3 couleurs sont

le Rouge,
le Vert et
le Bleu

L'addition de 2 couleurs primaires est telle que

B + V = C

R + B = M

V + R = J

R + B + V = B

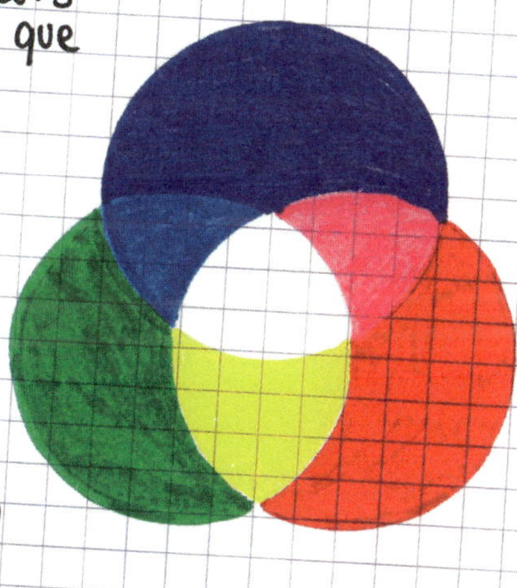

@studygram_mthld

Le choix des couleurs

Tout d'abord, il faut savoir qu'il existe **3 catégories** :

- 1. Les couleurs primaires (rouge, jaune, bleu) ;
- 2. les couleurs secondaires (violet, orange, vert) résultant du mélange des couleurs primaires ;
- 3. les couleurs tertiaires (pourpre, turquoise, indigo, ocre, vert chartreuse, vermillon) résultant du mélange des couleurs primaires et secondaires.

Les couleurs idéales à associer sont les **couleurs complémentaires.** Sur le cercle chromatique, ce sont les couleurs qui sont à l'opposé l'une de l'autre. Tu retrouves par exemple l'association du rouge avec le vert, du violet avec le jaune, ou encore du bleu avec l'orange !

Si tu es un peu frileux à l'idée d'associer de telles couleurs, tu peux aussi la jouer **style monochrome.** Pour cela, choisis une teinte de couleur et décline-la tout en restant dans les mêmes tons !

La hiérarchie des informations

Quand tu fais ta fiche et que tu notes les différentes informations, il faut que tu les hiérarchises, car elles n'ont pas toutes la même importance.

agents économiques

Il existe une grande diversité d'agents qui participent à la production :

les entreprises

organisations produisant des biens et services marchands pour réaliser des bénéfices.

ex :

les administrations PUBLIQUES

organisations gérées par l'État qui produisent des services non-marchands.

ex :

l'E.S.S. = économie sociale et solidaire

entreprises, assoc, coopératives, mutuelles et fondations qui ne dépendent pas de l'État et produisent à la fois des services marchands et non-marchands.

ex :

diversité génétique

Au cours du temps, la biodiversité au sein d'une même espèce peut évoluer par trois phénomènes différents :

la dérive génétique

ex : humains

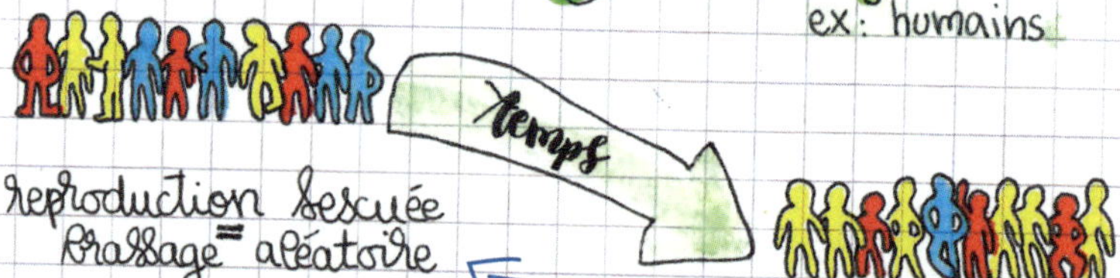

reproduction sexuée
brassage = aléatoire

la sélection naturelle

ex : phalène du bouleau

environnement
sélection

la spéciation

ex : pinsons des Galapagos

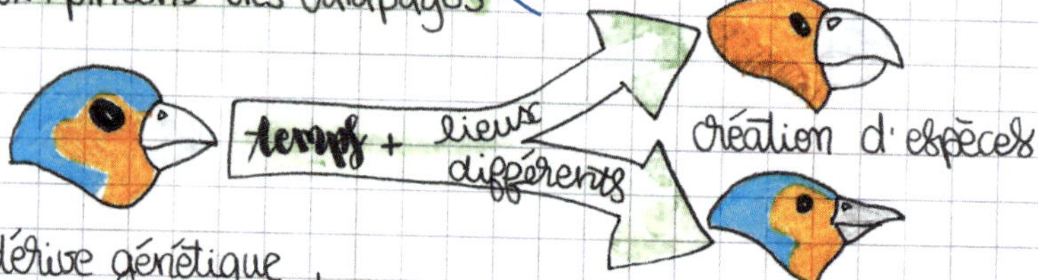

dérive génétique + sélection naturelle

La notion
la plus importante
doit avoir la place
la plus importante
sur ta fiche.

La notion intermédiaire
une place intermédiaire.

Et donc la notion
la moins importante
doit être la moins
mise en valeur.

Bref, tu as compris !

Créer un ordre d'importance

En théorie, cette hiérarchisation des informations se fait assez inconsciemment. Tu sais toujours quel est le truc à savoir par cœur, et celui à connaître à peu près.

Pour créer un ordre d'importance, c'est tout simple, il suffit de jouer avec les couleurs et les épaisseurs :

- ✓ L'info la plus importante : en couleur, en gras et encadrée.
- ✓ La deuxième info : en couleur et en gras.
- ✓ La troisième info : en gras.
- ✓ La quatrième info : en moins gras, etc.

Ainsi, en faisant ça, lorsque tu jetteras un coup d'œil sur ta fiche, l'ordre dans lequel tu capteras les informations sera l'ordre d'importance !

L'accentuation

à l'oral, en espagnol, chaque mot a une voyelle qui est + accentuée que les autres.

LES RÈGLES D'ACCENTUATION :

mot qui finit par
- voyelle
- s
- n

TA|XI

FLO|RES

accentuation sur l'avant-dernière syllabe

mot qui finit par
- consonne

PA|RED

RE|LOJ

accentuation sur la dernière syllabe

à l'écrit, on met un accent quand un mot ne respecte pas la règle précédente :)

fácil cartón

inglés lápiz

@studygram_mthld

Une fiche épurée

Avoir une fiche épurée est essentiel pour réviser plus rapidement et plus efficacement !

Lorsque tu fais ta fiche, il faut que tu t'obliges à écrire le moins de phrases possible, pour garder uniquement les mots et les éléments essentiels à retenir.

Avoir un paragraphe assez long, semblable à un cours rempli d'informations superflues dans lequel on ne peut pas dégager de mots-clés, n'aide pas à apprendre et surtout ne donne pas envie de le lire. Je le rappelle, la fiche est là pour réviser ! L'objectif n'est donc pas d'avoir une copie du cours. Évite alors au maximum les paragraphes longs et ennuyeux (par exemple, voici juste ici ce qu'il ne faut pas faire. Félicitations si tu as lu ce paragraphe en entier !).

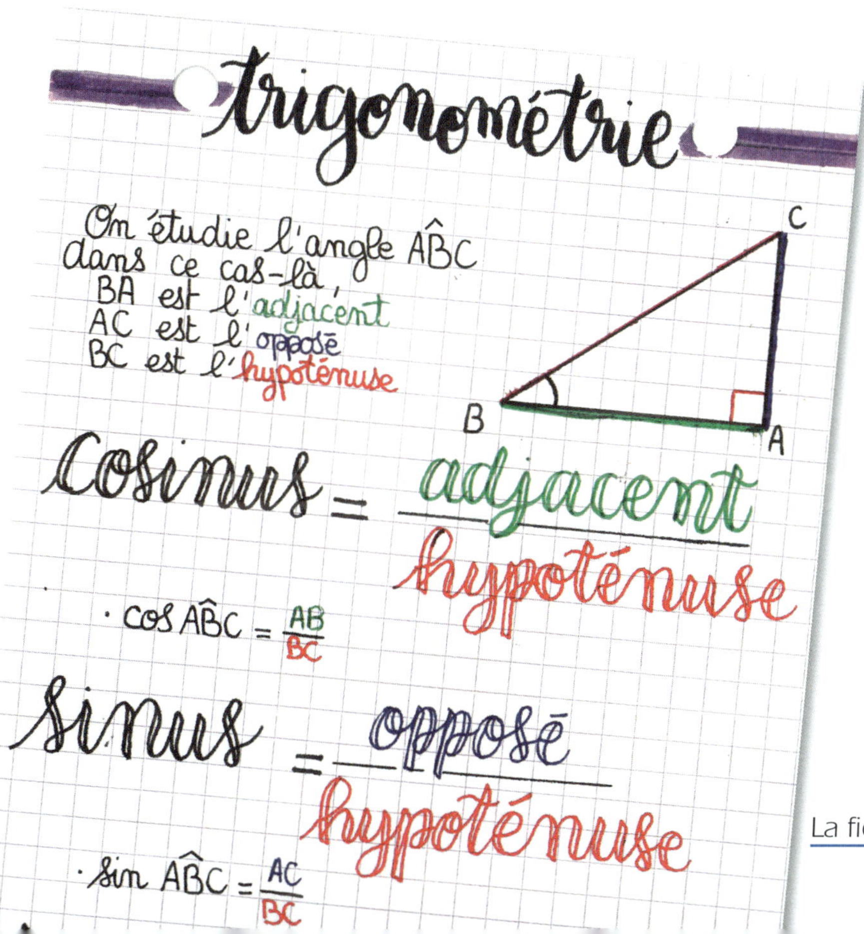

Les éléments essentiels

Ton objectif, c'est d'extraire les infos vraiment primordiales : les dates, les noms, les formules et les définitions. En bref, tout ce qu'il faut connaître par cœur. Ce qui n'est pas nécessaire, supprime-le directement !

Pour aérer ta fiche, tu peux également remplacer des mots par des abréviations, des verbes par des flèches, etc.

Ainsi, en regardant ta fiche d'un premier coup d'œil, tu pourras extraire ce qu'il faut absolument que tu saches.

groupes sanguins

L'information du groupe sanguin se situe sur la paire du chromosome 9

Il existe 4 groupes sanguins différents :

A B AB O

A et B sont des allèles dominants tandis que O est un allèle récessif.

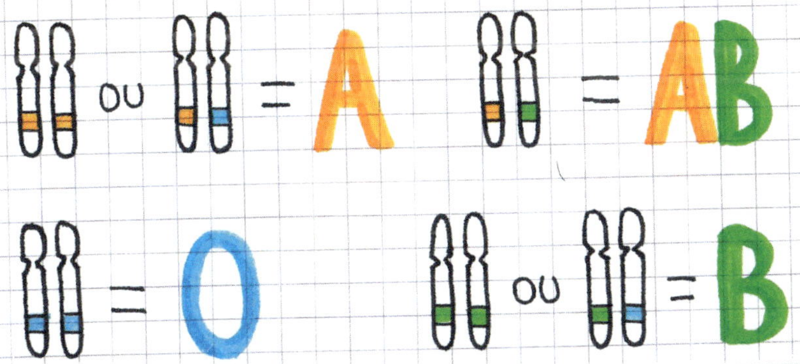

Les schémas et les dessins

Les fiches qui ne comportent que du texte, c'est un peu ennuyeux (et ce n'est pas ce qu'il y a de plus efficace).

Il faut réussir à stimuler les différentes parties de ton cerveau, et les différents sens que tu possèdes. En plus de l'aspect visuel, l'idéal serait de mettre du parfum sur tes fiches pour ressentir les odeurs, et faire en sorte qu'elles parlent pour jouer avec l'ouïe… mais on n'en est pas encore là ! Nous, on va rester simple (mais efficace) en ajoutant du visuel.

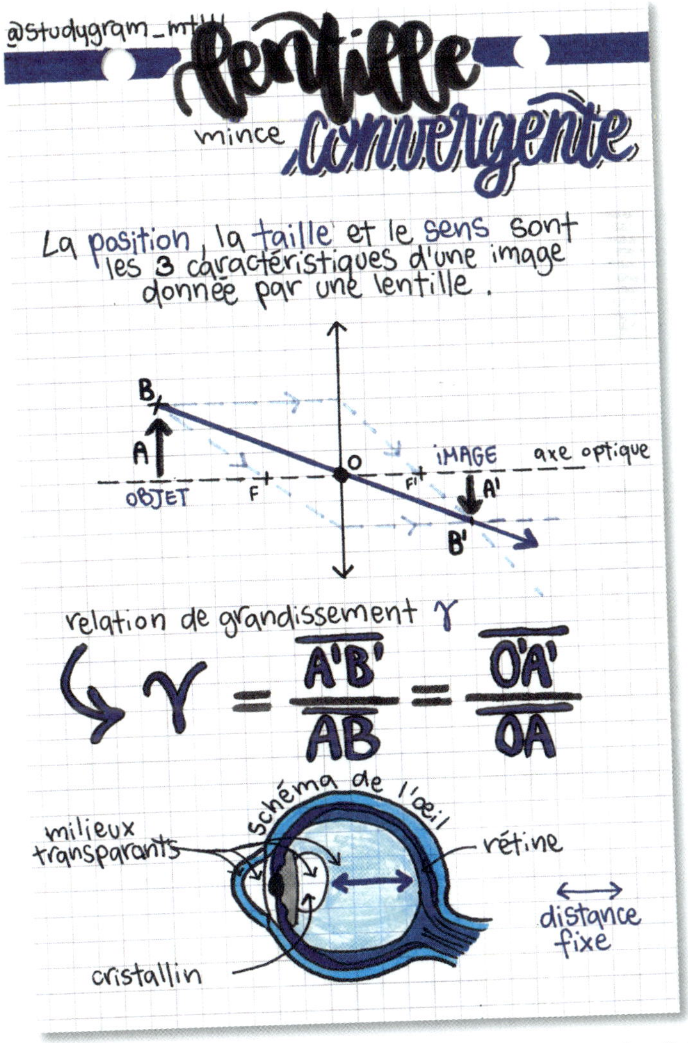

Les doodles

Des schémas pour illustrer une notion ou des dessins pour remplacer une phrase, pas besoin de concevoir une œuvre d'art ! L'objectif est plutôt de faire des petits doodles* qui permettront de rendre ta fiche plus visuelle et plus agréable, tout en t'aidant à la retenir.

*Les doodles sont des sortes de petits dessins, qui consistent à remplir une feuille avec des formes simples, mais très visuelles.

la Lune

= Satellite naturel de la Terre

Dans le référentiel géocentrique, le mouvement de la Lune est quasiment **circulaire** et **uniforme**.

Elle réalise <u>2 mouvements</u> à la fois :

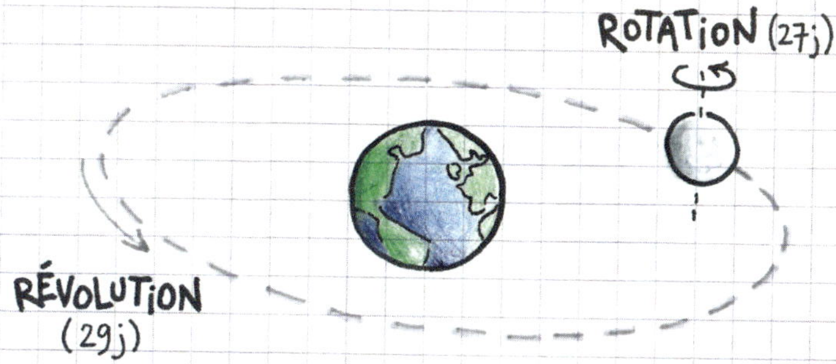

Selon la position de la ○ par rapport à la ○, la surface éclairée par le ○ n'a pas le même aspect. On parle alors des différentes

phases de la Lune

@studygram_mthld ←

Attention !

Il ne faut surtout pas tomber dans l'autre extrême en dessinant des éléments qui n'ont pas d'intérêt ! Ce n'est pas utile d'ajouter des petits cœurs, des petites étoiles ou des petits smileys. Au contraire, cela risque de créer l'effet inverse en alourdissant ta fiche.

En bref, ce qu'il faut absolument que tu retiennes, c'est que tu ne dois pas mettre de choses superflues dans tes fiches. Il faut s'en tenir à l'essentiel, tout en la rendant plus pratique et intelligente en l'imageant.

INSPIRE-TOI ET ENTRAÎNE-TOI
À RÉALISER CES PETITS DESSINS RIGOLOS
ET ON NE PEUT PLUS EFFICACES POUR TES RÉVISIONS !

WOW

D'autres méthodes pour réviser

Si tu es plutôt du genre à avoir des notes structurées et concises, je te conseille d'opter pour la méthode des fiches de révision.

En revanche, si ce n'est pas 100 % ton truc, je te propose 3 alternatives.

Plastifie tes textes et gribouille-les à l'infini

Par exemple, pour réviser un texte de français et assurer ton oral, mets-le dans une pochette plastique et analyse le maaaax de choses en prenant des notes directement dessus (utilise un bon marqueur !).

Enregistre-toi et réécoute ta voix

Si tu as une mémoire plutôt auditive, tu peux dicter le cours en t'enregistrant, le réécouter, le corriger si besoin et recommencer ! Comme lorsque tu écoutes une chanson en boucle, tu finiras par connaître ton cours par cœur.

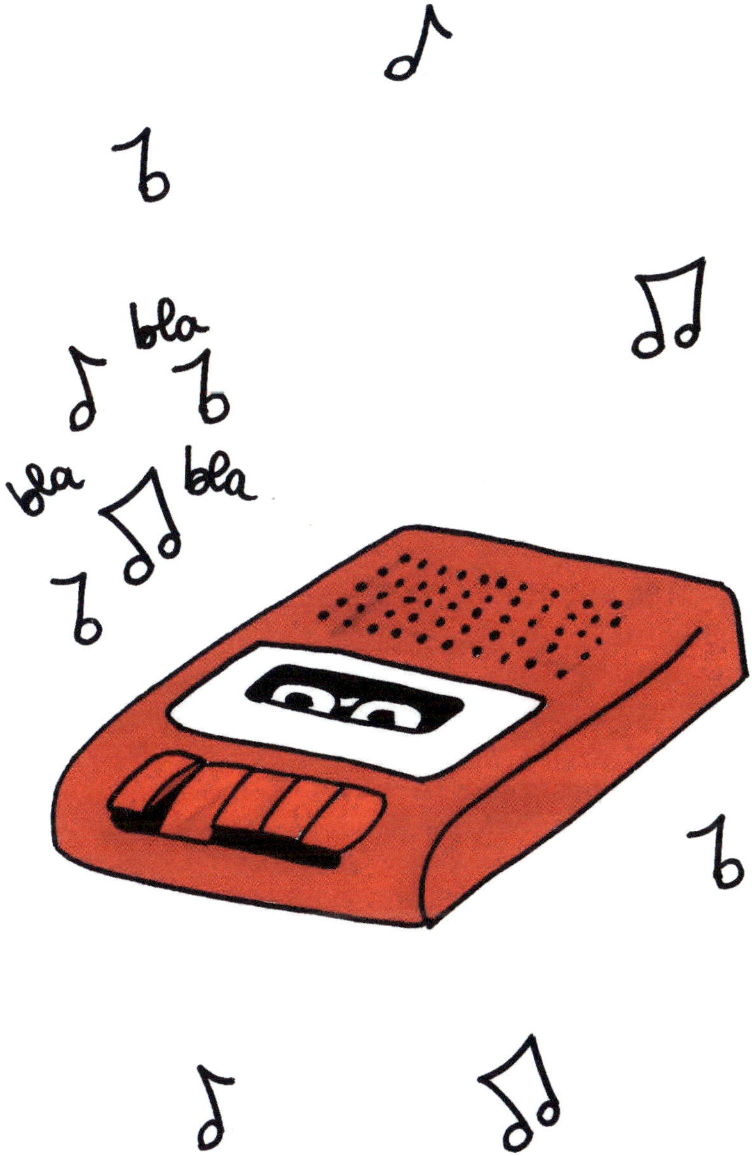
bla
bla
bla

Crée des cartes mentales

Une carte mentale c'est généralement un schéma, qui place en son centre le sujet principal. Ensuite, depuis ce centre, tu pourras ajouter tous les sous-sujets associés ! Cette technique, simple et rapide, te permettra de visualiser d'un coup d'œil toutes les notions incontournables d'un cours à ne pas oublier. Pour cela, prends une feuille blanche A4, inscris le titre du cours au centre, et note dans des bulles tout autour ce dont tu te rappelles, et ce que tu ne veux pas oublier !

Ce processus créatif est une très bonne alternative si tu veux changer un peu du système des fiches de révision.

La carte mentale en 4 étapes

1. Écris le sujet au centre de la carte ;
2. crée des flèches ou des branches dans toutes les directions pour les idées principales ;
3. ajoute des branches plus fines pour les idées secondaires ;
4. crée des connexions entre les idées grâce à des couleurs ou à des symboles.

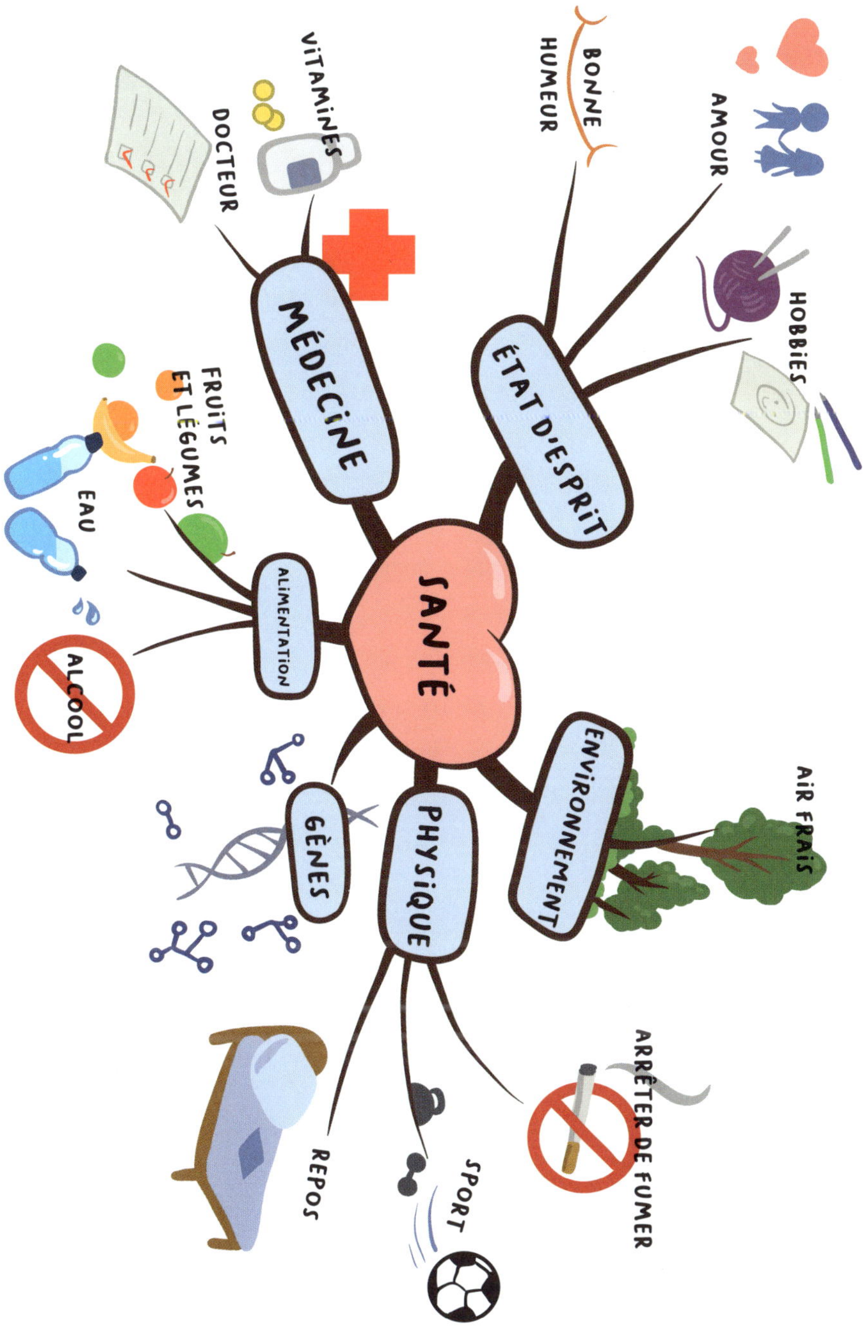
SANTÉ
MÉDECINE
VITAMINES
DOCTEUR
ÉTAT D'ESPRIT
BONNE HUMEUR
AMOUR
HOBBIES
ALIMENTATION
FRUITS ET LÉGUMES
EAU
ALCOOL
GÈNES
PHYSIQUE
REPOS
SPORT
ARRÊTER DE FUMER
ENVIRONNEMENT
AIR FRAIS

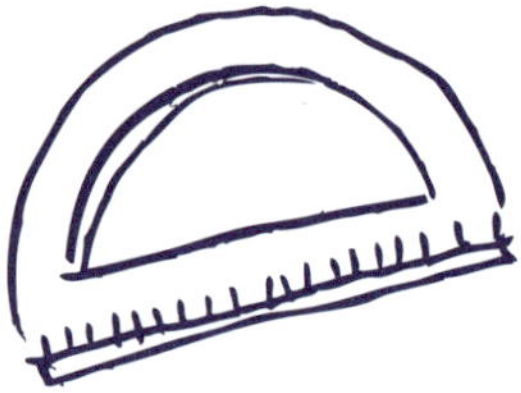

Focus : comment réussir ses examens ?

Les examens arrivent dans moins de 1 mois, mince, il faut que tu commences sérieusement à réviser !

Les 3 étapes

- 1. Note les choses à faire et à réviser ;
- 2. rassemble tes cours, fais du tri et ne garde que tes fiches de révisions essentielles ;
- 3. refais les exercices et les évaluations de toute l'année.

Psst : selon moi,
le moyen le plus efficace pour réviser,
c'est de pratiquer !

Attention

Ne révise pas passivement ! Prends des notes, va voir des vidéos supplémentaires, écoute des audios, regarde les fiches des autres camarades, etc.

Le jour « J » en 4 conseils

1 Prépare ton sac la veille.

2 Porte une tenue que tu aimes bien, dans laquelle tu te sens à l'aise.

3 Ne mange pas en trop grosse quantité juste avant l'épreuve, car la digestion peut être difficile.

4 Et, surtout, ne révise pas ! Détends-toi et fais-toi confiance.

Good luck !

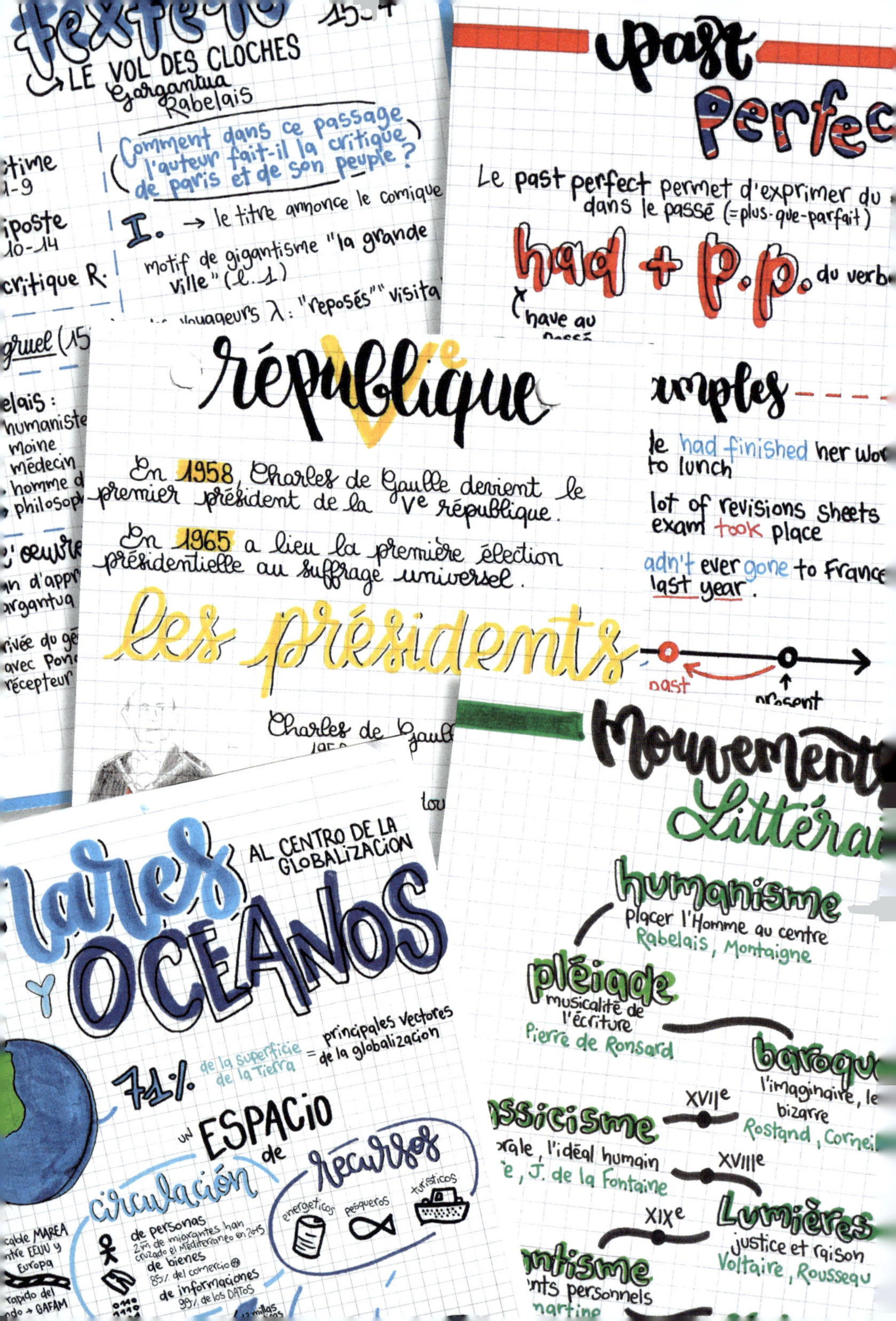
LE VOL DES CLOCHES
Gargantua
Rabelais
Comment dans ce passage l'auteur fait-il la critique de paris et de son peuple ?
I. → le titre annonce le comique
motif de gigantisme "la grande ville" (l. 1)
"reposés" visita
critique R.
humaniste
moine
médecin
philosoph
past perfect
Le past perfect permet d'exprimer du
dans le passé (=plus-que-parfait)
had + p.p. du verbe
have au passé
république
En 1958, Charles de Gaulle devient le premier président de la Ve république.
En 1965 a lieu la première élection présidentielle au suffrage universel.
les présidents
Charles de Gaulle
had finished her wo
to lunch
lot of revisions sheets
exam took place
adn't ever gone to France
last year.
past
present
Mouvements
Littéraires
humanisme
placer l'Homme au centre
Rabelais, Montaigne
pléiade
musicalité de l'écriture
Pierre de Ronsard
baroque
l'imaginaire, le bizarre
Rostand, Corneille
XVIIe
XVIIIe
XIXe
l'idéal humain
J. de la Fontaine
Lumières
justice et raison
Voltaire, Rousseau
AL CENTRO DE LA GLOBALIZACIÓN
OCÉANOS
71% de la superficie de la Tierra = principales vectores de la globalización
UN ESPACIO de recursos
circulación
de personas
de bienes
85% del comercio
de informaciones
99% de los DATOS
energéticos
pesqueros
turísticos

chapitre 3

Les tips pour des fiches spécifiques

La fiche auteur

Les étapes générales

1. Écris en guise de titre le nom de l'auteur ;
2. place l'en-tête, qui doit être composée d'un portrait de l'auteur (dessiné, simplifié ou imprimé : le réel but est d'avoir quelque chose de visuel) ;
3. termine avec les infos primordiales : dates, ville, pays, etc.

Les étapes spécifiques

La fiche sera bien sûr à adapter à chaque auteur, où tu pourras retrouver :

- ✓ Le mouvement littéraire.
- ✓ Les œuvres majeures de l'auteur.
- ✓ Le contexte historique.
- ✓ Des infos sur sa vie.

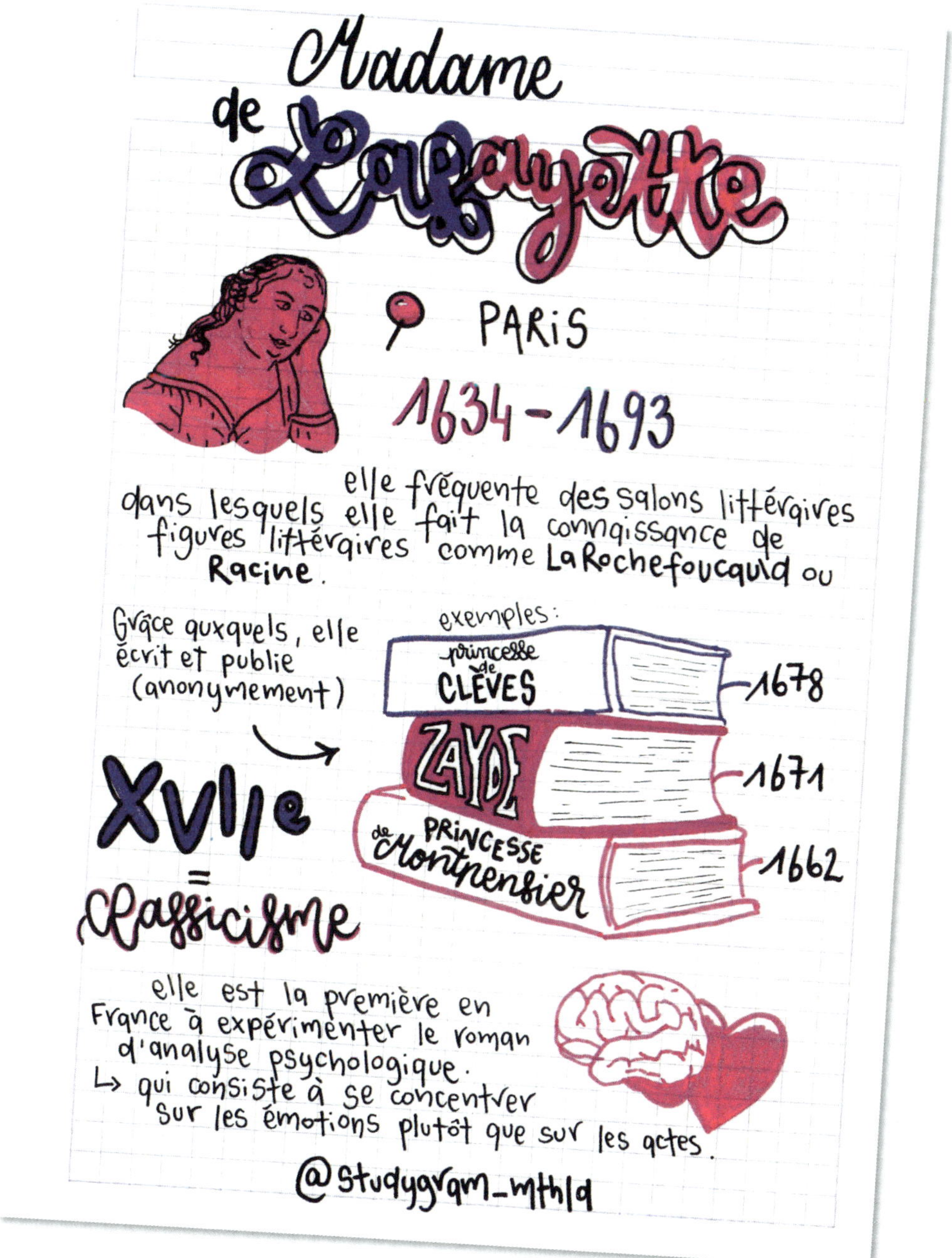

Madame de Lafayette

PARIS

1634-1693

elle fréquente des salons littéraires dans lesquels elle fait la connaissance de figures littéraires comme **La Rochefoucauld** ou **Racine**.

Grâce auxquels, elle écrit et publie (anonymement)

exemples :

- Princesse de Clèves — 1678
- Zayde — 1671
- Princesse de Montpensier — 1662

XVIIe = classicisme

elle est la première en France à expérimenter le roman d'analyse psychologique.
↳ qui consiste à se concentrer sur les émotions plutôt que sur les actes.

@studygram_mthld

La fiche de maths

Les étapes générales

- 1. Place le titre de la notion ;
- 2. écris la définition de la notion en commençant par « soit… » ;
- 3. explique, en quelques mots, dans quelles conditions la notion peut être appliquée ;
- 4. termine par mentionner la formule.

Les étapes spécifiques

La suite de la fiche diffère selon les notions de maths, mais elle est souvent composée des éléments suivants :

- ✓ Un schéma.
- ✓ Un tableau.
- ✓ Une courbe.
- ✓ Une formule supplémentaire.
- ✓ Une définition supplémentaire.

Probabilités conditionnelles

Soit Ω un univers fini, P une proba sur Ω et A un événement non nul.

La probabilité conditionnelle d'un événement B **sachant que** A est réalisé se note $P_A(B)$ et est donnée par :

$$P_A(B) = \frac{P(A \cap B)}{P(A)}$$

⚠ $P_A(B) \neq P_B(A)$

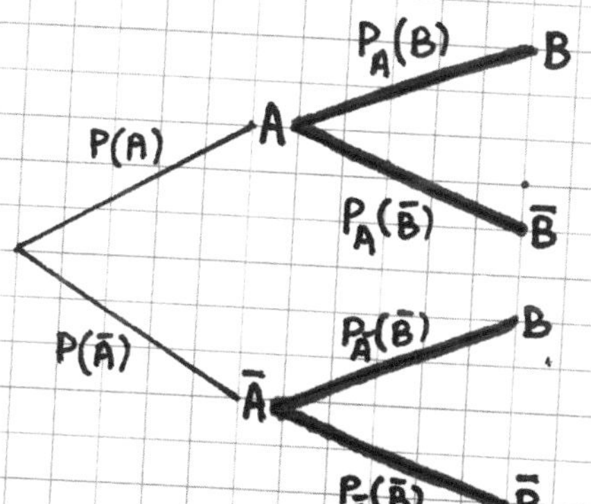

"sachant que"

@studygram_mthlq

La fiche de conjugaison en langue étrangère

Les étapes générales

1. Place en haut le titre et le drapeau de la langue ;
2. écris, bien en évidence, les différents composants de la structure du temps ;
3. explique, en quelques mots, dans quelles conditions utiliser ce temps.

Les étapes spécifiques

Dans les fiches de conjugaison en langue étrangère, il pourra être intéressant de préciser par exemple :

- ✓ La forme négative.
- ✓ La forme interrogative.
- ✓ Les verbes irréguliers.
- ✓ Les exceptions.

preterit

verbe+ed

Il s'utilise pour

- PARLER D'UNE ACTION PASSÉE
  last week I played basketball
- PARLER D'UNE HABITUDE DANS LE PASSÉ
  I went to school every morning
  ↳ pour les verbes irréguliers on regarde la deuxième colonne

forme NÉGATIVE

À la forme négative on utilise l'auxiliaire do

→ I didn't go to school every morning

@studygram_mthld

La fiche personnage

Les étapes générales

- 1. Mets le personnage principal au centre ;
- 2. écris tous les autres personnages autour ;
- 3. fais des flèches légendées pour connecter les personnages entre eux ;
- 4. ajoute les infos essentielles qui concernent les personnages.

Les étapes spécifiques

Pour chaque personnage tu peux aussi mettre :

- ✓ Une citation importante au personnage.
- ✓ Le nombre de répliques.

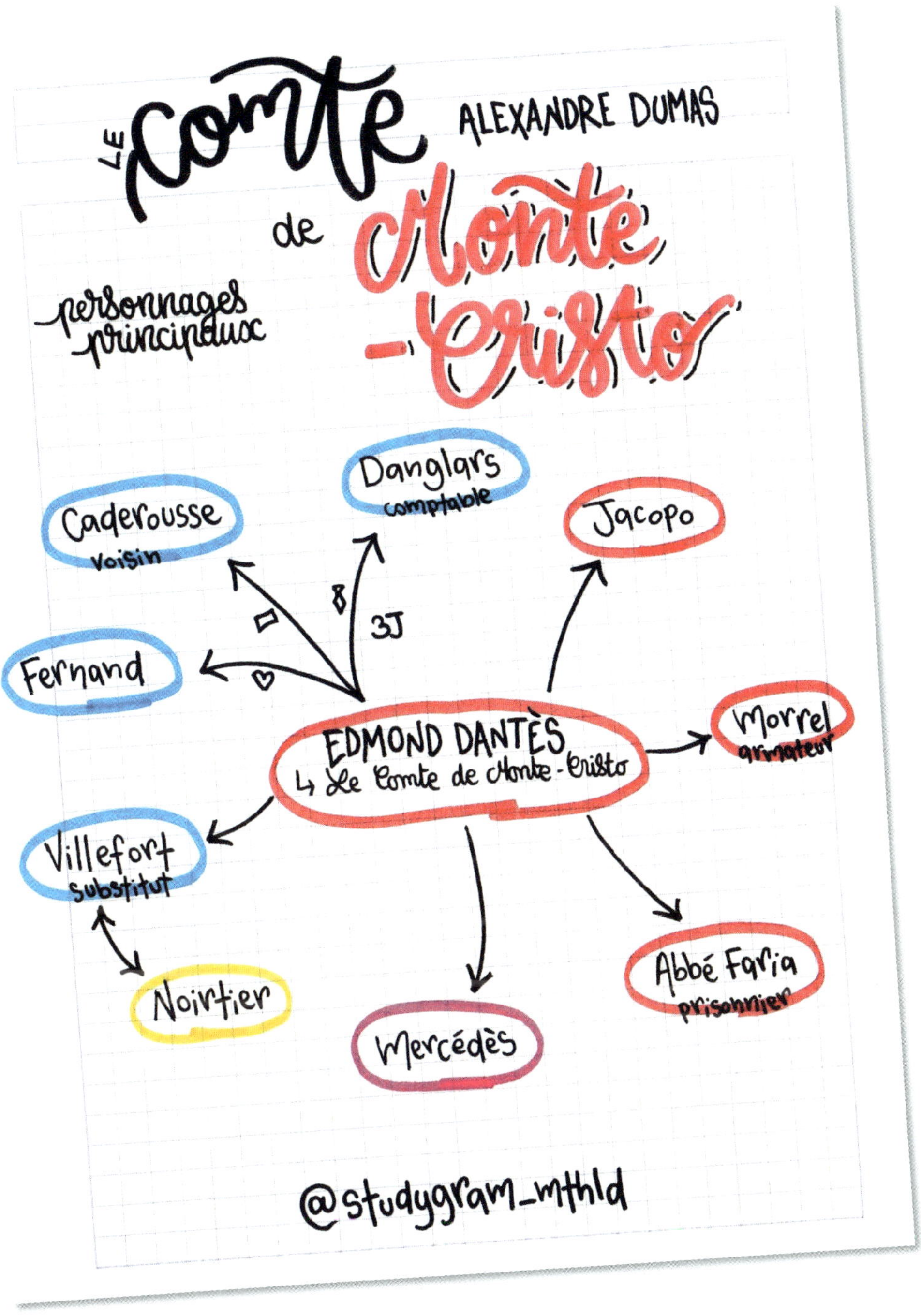

Le Comte de Monte-Cristo
ALEXANDRE DUMAS
personnages principaux
Danglars
comptable
Caderousse
voisin
Jacopo
Fernand
3J
EDMOND DANTÈS
↳ Le Comte de Monte-Cristo
Morrel
armateur
Villefort
substitut
Noirtier
Abbé Faria
prisonnier
Mercédès
@studygram_mthld

L'analyse linéaire

Les étapes générales

- 1. Crée une marge sur la fiche ;
- 2. sépare cette marge en deux ;
- 3. écris l'introduction en haut, en évidence, dans la première partie de la marge ;
- 4. écris le plan de ton analyse dans l'autre partie : les différentes parties que composent le texte et les lignes associées ;
- 5. écris l'analyse en elle-même sur le reste de ta fiche.

Les étapes spécifiques

Il peut être intéressant d'ajouter :

- ✓ Les autres œuvres étudiées de l'auteur.
- ✓ Le contexte historique.
- ✓ Les possibles distinctions de l'œuvre.
- ✓ La place de l'extrait dans l'œuvre intégrale.

chap XVII

texte 10

1534

LE VOL DES CLOCHES

Gargantua
Rabelais

I. G. victime
l. 1-9

II. sa riposte
l. 10-14

III. la critique R.

Pantagruel (1532)

F. Rabelais :
- → humaniste
- → moine
- → médecin
- → homme de cour
- → philosophe

l'oeuvre

roman d'apprentissage
↳ Gargantua évolue

- arrivée du géant à Paris avec Ponocrate : précepteur humaniste

(Comment dans ce passage l'auteur fait-il la critique de paris et de son peuple ?)

I. → le titre annonce le comique

motif de gigantisme "la grande ville" (l. 1)

des voyageurs λ : "reposés" "visita"

présent de verité générale
= critique des Parisiens
"si sôt" "si gobeur" "si inepte de nature"

énumération (l. 3-4) → montre le manque de maturité des Parisiens
superficiel > religion

G. est contraint de se réfugier sur N-D
=> son seul refuge

"Il dit d'une voix claire" (l. 7)
↳ paroles réflechies

la vengeance se prépare : il va leur "payer sa bienvenue" mais ce ne "sera que par ris" → jeu de mot

Le courant littéraire

Les études générales

- 1. Mets en avant les auteurs ;
- 2. note les dates ;
- 3. note les caractéristiques ;
- 4. note les thèmes abordés.

Tout a son importance donc écris bien tout distinctement. Au bout du compte, tu auras beaucoup de courants littéraires à apprendre, donc ne charge pas ta fiche plus que ça !

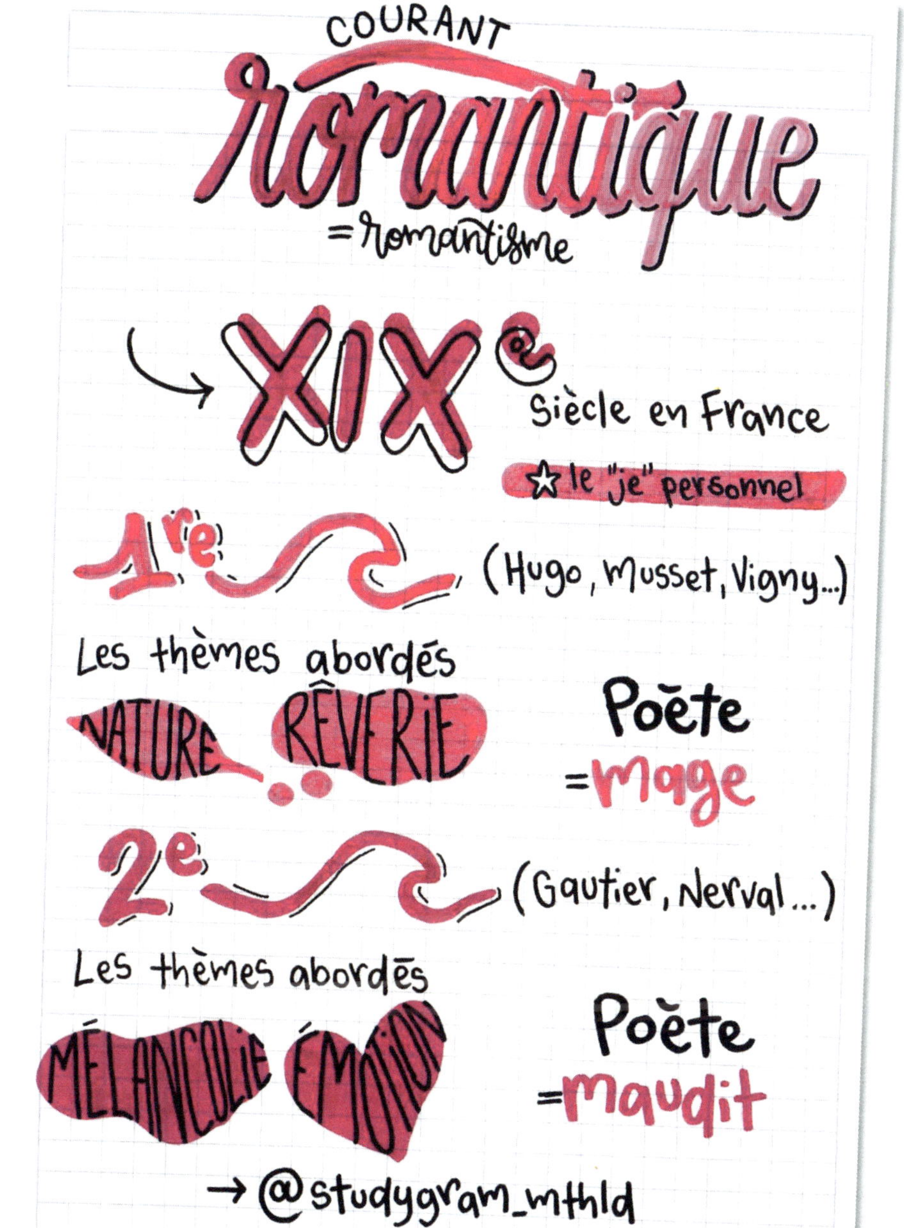

COURANT

romantique

= romantisme

→ XIXe siècle en France

☆ le "je" personnel

1re (Hugo, Musset, Vigny...)

Les thèmes abordés

NATURE

RÊVERIE

Poète = mage

2e (Gautier, Nerval...)

Les thèmes abordés

MÉLANCOLIE

ÉMOTION

Poète = maudit

→ @studygram_mthld

La fiche méthodo

Les étapes générales

Pour faire une fiche méthodo, il faut faire ressortir les différentes étapes et les « phrases types ».

1. Note les instructions ;
2. note les différentes étapes (un peu comme une recette de cuisine) ;
3. accompagne tes propos d'exemples pour illustrer.

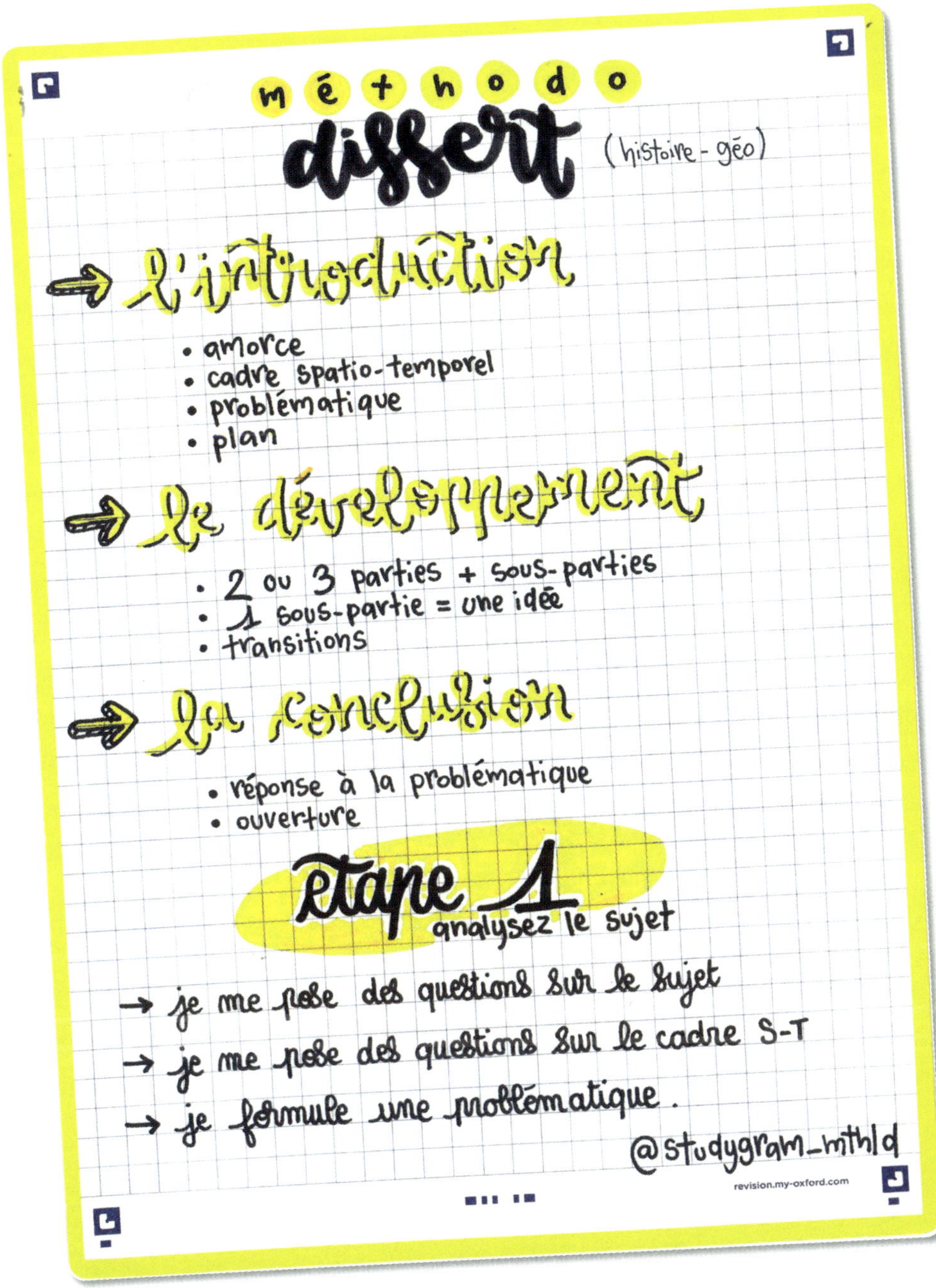

méthodo

dissert (histoire - géo)

→ l'introduction

- amorce
- cadre spatio-temporel
- problématique
- plan

→ le développement

- 2 ou 3 parties + sous-parties
- 1 sous-partie = une idée
- transitions

→ la conclusion

- réponse à la problématique
- ouverture

étape 1

analysez le sujet

→ je me pose des questions sur le sujet

→ je me pose des questions sur le cadre S-T

→ je formule une problématique.

@studygram_mthld

revision.my-oxford.com

La fiche de SVT

Dans cette fiche, ce qui doit dominer ce sont les schémas et les définitions. Ne charge pas ta fiche avec des choses inutiles. Essaye de fonctionner avec des points clés pour faire ressortir au mieux les éléments essentiels.

Les étapes générales

- 1. Fais des schémas propres et colorés, toujours en utilisant une règle et un crayon de papier ;
- 2. mets en avant les principales définitions.

ADN

acide désoxyribonucléique

L'A.D.N. est une molécule constituée de **deux brins parallèles enroulés en double hélice.**

Chaque brin est constitué d'un long enchainement de **nucléotides**, il en existe 4 différents :

A	T	C	G
adénine	thymine	cytosine	guanine

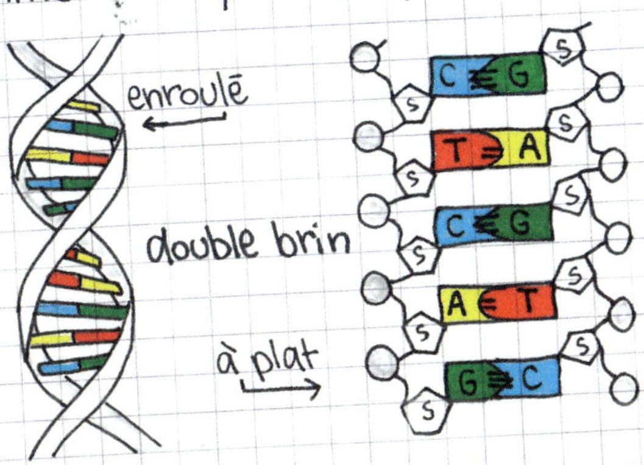

Le nucléotide A ne peut se lier qu'avec un T

Le nucléotide C ne peut se lier qu'avec un G

Le **message génétique** est codé sous forme d'une succession précise de nucléotides. (tel un code binaire)

La fiche d'histoire

Le but d'une fiche d'histoire, c'est que tu puisses d'un simple coup d'œil identifier les lieux, les personnes et les dates clés du chapitre. Ces cours sont souvent assez denses, donc ne néglige pas le visuel ! Mets une photo des acteurs du cours, cela te permettra d'associer un nom à un visage et facilitera la mémorisation.

Les étapes générales

1. Mets en avant les dates, les lieux et les noms propres ;
2. ajoute un dessin ou une photo des acteurs concernés par ton cours.

USA
theunitedstatesofamerica
Présidents
35th
John F.
Kennedy
1961 - 63
36th
Lyndon
Johnson
1963 - 69
37th
Richard
Nixon
1969 - 74
38th
Gerald
Ford
1974 - 77
39th
Jimmy
Carter
1977 - 81
40th
Ronald
Reagan
1981 - 89
41st
George H.W.
Bush
1989 - 93
42th
Bill
Clinton
1993 - 2001
43nd
George W.
Bush
2001 - 09
44th
Barack
Obama
2009 - 17
45th
Donald
Trump
2017 - 21
46th
Joseph
Biden
2021 - ...

La fiche de géographie

Au même titre que les cours d'histoire, les cours de géographie sont généralement assez denses. Alors, ne lésine pas sur le visuel !

Les étapes générales

1. Fais des phrases courtes ;
2. relie-les entre elles avec des flèches à des mots-clés ;
3. dessine le drapeau du pays ou une carte pour t'aider à te repérer.

un **mundo** de **flujos**

El flujo de bienes, capital e información está aumentado considerablemente entre las diferentes partes del mundo.

20 paises capturan
75% del comercio mundial

La integración o no en la red mundial depende del desarrollo pero también de cuestiones geográficas.

Los GAFAM apoyados por Washington tienen un poder considerable en la mayoria de los sectores.

@studygram_mthld

La fiche des figures de style

L'objectif de faire une fiche pour les figures de style, c'est d'avoir des exemples concrets.

Les étapes générales

1. Écris la figure de style ;
2. mets une définition claire ;
3. ajoute un ou plusieurs exemples à cette définition.

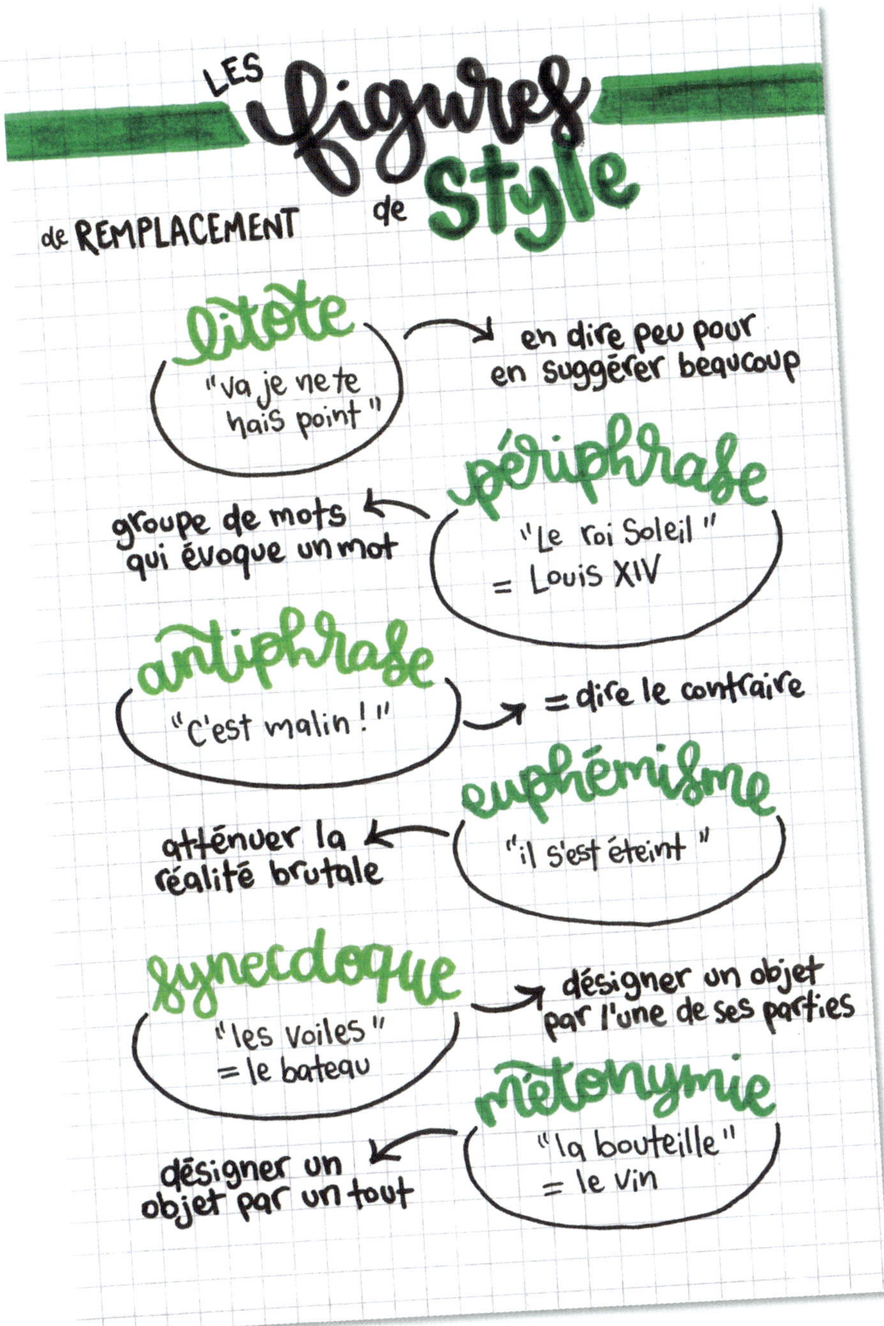
LES figures de style
de REMPLACEMENT
litote
"va je ne te hais point"
en dire peu pour en suggérer beaucoup
périphrase
"Le roi Soleil" = Louis XIV
groupe de mots qui évoque un mot
antiphrase
"C'est malin !"
= dire le contraire
euphémisme
"il s'est éteint"
atténuer la réalité brutale
synecdoque
"les voiles" = le bateau
désigner un objet par l'une de ses parties
métonymie
"la bouteille" = le vin
désigner un objet par un tout

Taux d'alcool

au volant

	CONTRAVENTION	DÉLIT
A	≥ 0,25 g/L soit ≥ 0,1 mg/L	≥ 0,8 g/L soit ≥ 0,4 mg/L
PERMIS 12 pts	≥ 0,5 g/L soit ≥ 0,25 mg/L	≥ 0,8 g/L soit ≥ 0,4 mg/L

1 VERRE DE :

fait monter le taux d'alcool dans le sang à

0,25 g/L

en cas d'infraction le conducteur encourt

135 € ← ≥ 0,50 **-6 pts**

≥ 0,80 → **4500 €** **2 ans de #**

Conclusion

Si tu es en train de lire ma conclusion, c'est que normalement tu as terminé et compris ce livre !

Tu as donc dû te rendre compte qu'il n'y a pas de moyen miracle pour réussir tous ses examens, mais qu'en suivant ma méthode de révision cela devrait déjà grandement t'aider.

Je ne vais pas t'écrire de nouveau tous mes tips, mais tu peux retenir ceci :

- écoute et participe en classe ;
- alimente tes cours avec des infos glanées à droite et à gauche ;
- crée à la fin de tes chapitres des fiches succinctes à ton image, qui te ressemble, et surtout, qui te donne envie de réviser !

FAIS DE TES RÉVISIONS
UN MOMENT (PRESQUE) AGRÉABLE !

CDLR
panneaux dangers
danger permanent
danger temporaire
cédez le passage à droite
virage à droite
virage à gauche
succession de virages
ralentisseur
cassis ou dos-d'âne
chaussée rétrécie
chaussée glissante
barrières manuelles
pont mobile
passage d'animaux
déscente dangereuse
intersection prioritaire
risque de chute pierres
annonce feux
passage piétons
fréquenté par les enfants
circulation deux sens

Remerciements

Je pars du principe que ce livre, et la vie que je mène actuellement, ont été influencés par toutes les personnes que j'ai pu croiser. Les remercier une à une serait infini. Je vais donc me contenter de nommer, en une liste exhaustive, ceux qui m'accompagnent au quotidien.

Je remercie tout d'abord ma mère, qui m'a toujours encouragée et accompagnée dans mes projets.

Je remercie aussi plus largement ma famille. Ce sont, je le sais, mes plus grands fans.

Je remercie également mes meilleurs amis, Mélody, Lilian et Corentin, qui me supportent et me suivent dans tous les projets dont je leur parle chaque jour (désormais, nous n'avons plus le droit de nous disputer, vos noms sont dans le livre !).

Je remercie les enseignants que j'ai croisés dans ma scolarité.

Pour finir, je vous remercie, vous qui me suivez sur les réseaux sociaux, et qui me soutenez dans mes projets.

Et, bien sûr, merci à tous ceux que je n'ai pas cités.

Direction de publication : Didier Ballot
Directrice éditoriale : Marie Roussos
Responsable éditoriale : Séverine Pedan
Éditrice : Zoé Legrand
Création graphique et mise en pages : Anoï
Correction : La Machine à mots
Crédits fiches de révision et illustrations : p. 17, p. 27, p. 41, p. 43, p. 47, p. 68, p. 70, p. 81, p. 107 : © Mathilde Fouqué
Crédits iconographiques : © Shutterstock

MIXTE
Papier issu de sources responsables
FSC® C014138
FSC www.fsc.org

ISBN : 978-2-38355-276-5
Dépôt légal : mars 2023

Achevé d'imprimer en République tchèque
en mars 2023 par Mazarine Networks